All power comes from the people.
But where does it go?

——Bertolt Brecht

WHAT IS POPULISM?

JAN-WERNER MÜLLER

揚－威爾納．穆勒____著　　林麗雪____譯

解讀民粹主義

解讀民粹主義

依我所見，「人民」這個詞彙的唯一意義是「混雜的人群」（mixture）；如果你將「人民」這個詞替代為「數字」和「混雜的人群」，你將會得到一些非常奇怪的詞……「主權混合物」、「混合意志」等等。

——法國作家｜保羅．瓦勒里（Paul Valéry）

所有權力皆來自人民，但何處是它的去向？

——德國劇作家｜貝托爾特．布萊希特（Bertolt Brecht）

前言

PREFACE

¶

本書於二〇一六年夏天首度出版面市，在那之後發生了一些事件，其中有些對於該如何思考以及對抗民粹主義，能為我們提供更進一步的教訓及啟示。

如果唐納．川普（Donald Trump）就職演說的作者，企圖為民粹主義教科書貢獻一個主要出處，我們不禁會下結論說，他或她很聰明地達成了這個目的。要是有人因為聽了這場演講，而覺得美國剛剛從一個外來政權被解放出來，也是可以被諒解的。這位總統宣告，在推翻占領華府、令人憎恨的外部「建制派」以後，人民再度統治國家了。

所有的民粹主義者都像川普一樣，要「人民」反抗腐敗、圖利自己的菁英，但不是每一個批評權勢者的人就是民粹主義者。真正能夠分辨民粹主義者的重點，也是本書的主要論點，在於——主張他（而且只有他）代表真正的人民。如同川普所詳加說明的，因為現在他控制了行政體系，因此人民就控制了政府。這暗指所有的反對派都是不合法的，如果你反對川普，就是反對人民。從前委內瑞拉總統烏戈．查維茲（Hugo Chávez）、自行宣布國家不自由的匈牙利總理維克多．奧爾班（Viktor Orbán）和土耳其總統雷傑普．塔伊普．艾爾多安（Reccep Tayyip Erdoğan）等領導人身上，都可以看到這種極度威權的模式。川普讓全世界明白，他對民主所構成的危險有多大。

查維茲喜愛的口號是「人民與查維茲一起統治」（With Chávez the people rule），但諷刺的是，這種人民與一個他們忠實的代表的表述方式意味著，民粹主義者最後不必承擔任何政治責任：川普假裝只是人民正統意志的主要執行者；艾爾多安在二〇一六年夏天政變之後，計畫再次引進死刑，在回應所有的批評時，他用同樣的方式宣稱：「重要的是，我的人民說些什麼。」更別提他一開始告訴了「他的人民」要說些什麼，更不用管他仍然是人民聲音的唯一合法詮釋者。根據他們的定義，不同意見就是不民主的；另外，「制衡」這種在民主裡完全正常的分權機制，只是實現人民意志的障礙。

一些自由主義者天真地希望，川普在某個時間點會明確發出訊息，企圖「統一」和「癒合」分裂的國家。選舉之後，川普在推特發送像是「我們將會統一，我們將會獲勝，獲勝，獲勝！」（We will unite and we will win, win, win!）的訊息。在就職演說中，他訴求一個「統一」和「不可抵擋」的美國。實際上，所有民粹主義者不斷在講「統一人民」，但永遠只是想統一成為人民的條件或其他因素。川普在五月一個很少被注意到的競選演說裡已經這麼措辭（本書於文後會再次引用）：「唯一重要的是人民的統一，因為其他人不具有任何意義。」換句話說，如果從法律和道德觀點來看都是真正公民的人，對於人民應該如何統一，要是和民粹主義者沒有相同的願景，那麼他們作為屬於適當人民的身分，可能將會受到質疑。

每一個民粹主義者都會藉由提升與那些被認為不屬於「真正的美國人」、「真正的土耳其人」等人的衝突，來嘗試統一**他的**人民——那些唯一正統的人民。對民粹主義者來說，兩極分化不是問題，而是確保權力的工具，因此認為民粹政治人物遲早會「與另一邊的人打成一片」是極為天真的想法。對民粹主義者來說，衝突是好事，只要他們能夠一次又一次利用衝突（特別是持續的文化戰爭〔culture wars〕）來證明誰是「真正的人民」，以及他們有多強大。

然而，不是所有的新聞都是了無希望的，我相信在令人驚訝的二〇一六年，我們已經學到一些重要且具有建設性的教訓。對很多人來說，本書分析的現象顯然只會越演越烈，畢竟這些日子以來，我們每天實際上聽到和讀到的是一股民粹主義的「世界潮流」。然「反建制的情緒」是一股全球趨勢的看法，並不是對政治現實的一種中性描述。除了是一種骨牌理論（domino theory）以外，也因為民粹主義領導人物自己也一直在倡導。二〇一七年一月，在德國科布倫茲舉辦的一場歐洲民粹主義者集會裡，瑪琳．勒龐（Marine Le Pen）#大聲疾呼：「二〇一六年是盎格魯—薩克遜世界覺醒的一年，我確定二〇一七年會是歐洲大陸人民覺醒的一年。」奈傑爾．法拉奇（Nigel Farage）##不滿足於骨牌的象徵比喻或者只是潮流，他說這是一場「海嘯」，並自由混用各種譬喻，讚美義大利選民拒絕總理馬泰奧．倫齊（Matteo Renzi）對歐洲發射「火箭砲」的憲政改革。

這些形形色色，也或多或少乏味的印象，讓人產生非常錯誤的觀念。法拉奇並不是靠他自己完成脫歐（Brexit）行動，要讓「離開」成為事實，需要保守黨的盟友，例如鮑里斯．強森（Boris Johnson）和麥可．戈

\# 編注：法國極右翼政黨國民陣線（Front National）主席，為該黨創始人尚—馬里．勒龐（Jean-Marie Le Pen）之女，政治傾向帶有反移民、反多元主義色彩。

\## 編注：英國「脫歐派」領導人物之一，曾任英國獨立黨（UKIP）黨魁。

夫（Michael Gove），尤其是戈夫可能比其他人更重要。畢竟，強森被視為是有點怪異的人物，而戈夫在政府裡則是重量級的智囊（他曾任英國教育部部長和司法部長）。當戈夫說公民不應該信任專家的時候，是有某種意義的，畢竟他本身就是個專家。然而，更重要的是，脫歐不只是被壓迫的人自發性的反建制感受所造成的後果；在英國保守黨中曾經是處於邊緣地位的「歐洲懷疑主義」（Euroscepticism），幾十年來已經被通俗小報和政治人物滋養長大，像是前英國首相大衛·卡麥隆（David Cameron），他並不相信該離開歐盟，但為了機會主義的原因，而不斷重複布魯塞爾有多麼糟糕的標準言論。

在大西洋的另一邊，這個論點一樣說得通。川普並不是因為身為外圍的第三政黨民粹運動候選人而勝選，法拉奇有強森和戈夫，川普則仰賴權威的共和黨人庇佑，像是紐特·金瑞契（Newt Gingrich，另一個真正的保守派知識分子）、克里斯·克里斯蒂（Chris Christie）和魯迪·朱利安尼

（Rudy Giuliani）。沒錯，很多共和黨主要人物都反對這個房地產開發商的崛起，但是這個黨從來沒有聲明切斷與他的關係，而且政黨色彩依然是解釋這次選舉結果最重要的單一因素：九〇%自我認同為共和黨的人投票給川普。在他們當中，有些人就像之前美國人投給由商人化身為國家拯救者的羅斯．佩羅（Ross Perot，他的第三政黨候選人資格，幫助柯林頓在一九九二年勝選）一樣，也會把票投給川普，這麼說來並不是奇怪的事。簡單說，沒有共和黨的話，川普就不會是今日的總統。

但是這個骨牌與潮流的印象，已經受到一個實證經驗的反例挑戰：在奧地利，大部分的人都預測極右派的民粹主義者諾伯特．霍佛（Norbert Hofer）在二〇一六年十一月的總統大選中會取勝，結果贏家卻是綠黨背景的政治人物亞歷山大．范德貝倫（Alexander Van der Bellen）。這個看起來似乎是這波民粹主義大趨勢裡曇花一現的事件，對整個西方世界來說，實際上是一個重要的經驗。很多保守的基督教民主黨人士明確站出來反對霍佛，特別是得到鄉村居民信任的當地市長與其他省級重量級人物，而來自維也納的綠黨領導人顯然無法把鄉村居民集結在一起。鄉村走向民粹主義，都市支持自由主義，這種分割現象在英國脫歐與川普選票中非常明顯，但這種分割並不是必然的。另外，范德貝倫競選時動員很多公民，去和平常不會見面的人打成一片，他們甚至還有如何與霍佛支持者進行建設性談話的傳單，例如：不要立刻指控他們是排外者或是法西斯主義者——民粹主義並不是無法抵擋。

因此，很重要的是，不要太過執著於民粹主義者和極端主義政黨。我們也必須注意其他的政治人物，特別是觀察保守派是否有合作的意願。我們也必須意識到，表面上是主流的保守派或是基督教民主黨，有時候會轉變成民粹主義者，因此打亂了「建制」和「反建制」之間清楚的區隔。匈牙利總理奧爾班的青年民主主義聯盟（Fidesz，按：簡稱青民盟）並非一直都是民粹主義政黨，二〇一〇年競選時，黨綱並不是以民粹主義為基礎。是到選舉之後，奧爾班才變成堅定的不自由主義者（illiberal），以及有系統地破壞匈牙利法治和民主的反歐盟領袖。同樣地，前波蘭總理雅洛斯拉夫・卡欽斯基（Jarosław Kaczyński）的法律正義黨（Law and Justice party）在二〇一五年秋天選舉時，呈現出的還是一番溫和的樣貌，只有在取得多數以後，才追隨奧爾班的路線，變成完全的民粹主義者。

很明顯地，如何面對民粹主義者並沒有萬能之計，也無法明白列出如何打敗民粹主義者的十個要點，而有讓你快速吸收的教戰手冊。但我們並不是完全毫無方向或希望——鼓勵其他政治人物與民粹主義者對話，但是不要像個民粹主義者說話；注意潛在的保守派合作者，並試著勸阻他們不要與民粹主義者合作（當然，如果民粹主義者不再是民粹主義者，也就不再是反多元主義者，那麼在民主體制裡與他們合作，是完全正當的）；不要認為民粹主義的選民是「可悲之人」，而若無其事地忽略他們，就像希拉蕊・柯林頓（Hillary Clinton）在二〇一六年九月所做的一樣；與你平常可能不會遇見的人交談；如果你有好的理由相信他們是不正義的受害者，請敦促你的政府以及／或者政黨矯正這種不正義的情事。

維也納，二〇一七年一月

INTRODUCTION

每個人都是民粹主義者？

¶

有記憶以來，美國從來沒有像二〇一五到一六年這次的選舉一樣，引用這麼多的「民粹主義」（populism）。唐納．川普和伯尼．桑德斯#（Bernie Sanders）都被貼上「民粹主義者」（populist）的標籤。這個名詞經常被視為「反建制」（antiestablishment，按：指反傳統、反既有權威的觀點）的同義字，似乎與任何特定的政治理念無關，與態度相比，內容似乎不重要。這個名詞因此主要與特殊的心情和感情有關：民粹主義者是「憤怒的」；他們的選民是「挫折的」，或是滿懷「怨恨」（按：指

編注：美國佛蒙特州參議員，雖持續和民主黨黨團保持合作關係，但始終保持無黨派獨立身份，政治立場傾左，曾於二〇一六年參與民主黨內總統候選人提名初選，最終敗給希拉蕊．柯林頓。

階級間的無名積怨與不滿）。同樣的主張也被套用在歐洲的領導者和他們的追隨者：例如瑪琳．勒龐和基爾特．威爾德斯#（Gert Wilders）通常被稱為民粹主義者，這兩個政治行動者很明顯都是右派，但是與桑德斯的現象一樣，左派的反對者也被標籤為民粹主義者，例如在二〇一五年一月掌權的希臘「激進左翼聯盟」（Syriza），而西班牙則有「我們可以」（Podemos）政黨，和「激進左翼聯盟」一樣，從根本上反對德國總理安格拉．梅克爾（Angela Merkel）對歐元危機採取嚴厲的政策。這兩個政黨中，特別是「我們可以」黨，受到在拉丁美洲被普遍稱為「粉色浪潮」（pink tide）##的鼓舞：民粹主義領導人例如拉斐爾．柯利亞（Rafael Correa，按：前厄瓜多總統）、埃沃．莫拉萊斯（Evo Morales，按：玻利維亞總統），其中最重要的就是烏戈．查維茲。不過，這些政治行動者實際的共同點是什麼？如果我們同意漢娜．鄂蘭（Hannah Arendt）的觀點——政治判斷是具有良好的區別能力——那麼談論民粹主義時，我們應

編注：荷蘭極右派政黨自由黨（PVV）黨魁，具有強烈反移民、反伊斯蘭立場，曾在二〇一七年荷蘭國會大選被視為角逐總理大位的有力候選人。

譯注：指自上個世紀末開始，拉丁美洲出現了一波左派運動的高潮，大量左派色彩濃厚的政黨在選舉中獲勝並上台執政。

該暫停廣泛地將右派和左派併為一談。將各種不同的現象斷定為「民粹主義」的普遍性，是否可能就是一種錯誤的政治判斷？

本書將從一個觀察到的現象開始探討。所有有關民粹主義的討論，包括目前最敏銳的民主生活分析家、保加利亞政治學家伊凡·克拉斯特夫（Ivan Krastev），甚至把我們的時代稱為「民粹主義時代」，但我們其實根本不知道我們正在談論什麼。[1] 我們沒有任何類似民粹主義的理論，而且我們似乎缺乏一致的標準，可以從有意義的角度來判斷，政治行動者是從何時轉變成民粹主義者。畢竟，每一個政治人物都想要訴諸「人民」（the people），尤其是在受民調驅使的民主國家裡，所有人都想要說一個盡可能被更多公民（citizen）理解的故事，也都想要敏銳地反應「普通百姓」（ordinary folks）的想法，特別是他們的感受。民粹主義者是否可能單純只是一個成功但不被喜愛的政治人物？「民粹主義」這種指控，也許本身就是一種民粹？又或者如同美國歷史學家克里斯多夫·拉許

（Christopher Lasch）的主張，到最後，民粹主義實際上是「民主最正統的聲音」？

本書嘗試透過三種方式，幫助我們辨識與應付民粹主義：第一，我想要說明什麼樣的政治行動者符合民粹主義者的資格，我認為，**批判菁英**是民粹主義者的必要條件，但不是充分條件，否則任何批評現狀的人，例如在希臘、義大利或美國的人，都可以被定義為民粹主義者；另外，無論一個人對「激進左翼聯盟」、畢普·格里羅（Beppe Grillo）率領造反的「五星運動」#（Five Star Movement）或桑德斯有什麼看法，就這件事來說，他也很難否認，他們對菁英的批判通常是合理的。此外，如果批評現有菁英就是民粹主義，那麼美國的每一位總統候選人實際上都是民粹主義者，畢竟，每一個人都是以「反對華府」來打選戰。

除了反菁英以外，民粹主義者一定是**反對多元主義者**（antipluralist）。民粹主義者宣稱，他們（而且只有他們）代表人民，例

編注：義大利右翼、反建制政黨，二〇〇九年由喜劇演員格里羅創立，並於二〇一八年義大利大選成為國會最大單一政黨。

如，土耳其總統艾爾多安在一場黨代表大會中，無視國內眾多的批評者表示：「我們就是人民，你們是誰？」他當然知道他的反對者也是土耳其人，因此，這個獨家代表的聲明並不是根據實證經驗，很明顯根據的是**道德**。在競選時，民粹主義者會把政治競爭者描繪為是不道德、腐敗的菁英一分子；在執政的時候，他們拒絕承認任何的反對者具有合法性。民粹主義者的邏輯也意味著，任何不支持民粹政黨的人，可能就不是適當的（proper）人民的一部分，而人民總是被定義為正直（righteous）而道德高尚的（morally pure）。簡單說，民粹主義者不是主張「我們代表百分之九十九」，他們實際上是指「我們代表的是百分之百」。

對民粹主義者來說，這種表述方式永遠行得通：其餘的人都可以被視為是不道德的，不是適當的人民的一部分，因此可以忽略。這是用另一種方式說，民粹主義永遠是一種**認同政治**（identity politics）**的形式**（雖然不是所有認同政治的版本都是民粹主義）。一旦我們了解，民粹主義是一種排他性的認同政治形式，就可以知道民粹主義容易對民主造成危險。因為民主需要多元主義，並且承認身為形形色色自由、平等而且無法化約的公民，我們需要找出一起生活的公平條件。單一、同質性和正統的人民，這種觀念是一種幻想，誠如哲學家尤根・哈伯瑪斯（Jürgen Habermas）曾經說過，「人民」只會以複數的形式出現。而且這是一個危險的幻想，因為民粹主義者不只在衝突中發展壯大並鼓勵兩極化，他們對待自己的政治對手如臨「人民的敵人」，企圖將他們完全排除在外。

這不是說所有民粹主義者都會把政敵送進集中營，或是沿著國家邊界建造圍牆，也不是說民粹主義只是無傷大雅的競選語言，或者只要民粹主義者贏得政權後就會馬上消失。民粹主義者可以像個民粹主義者一樣掌權執政——這違反了傳統的觀點，以為民粹主義的抗議聚會，一旦贏得選舉就會自己解散，因為從定義上來說，一個人無法抗議執政的自己。民粹治理（Populist governance）表現出三個特徵：企圖綁架政府機關，腐敗和

「大眾侍從主義」（mass clientelism，利用物質利益或行政好處，換取已經變成民粹主義者「客戶」〔client〕的公民之政治支持），以及有系統地打壓公民社會。當然，很多威權主義者（authoritarian）也會做類似的事情，其中的差別在於，民粹主義者藉由宣稱只有他們代表人民，以合理化他們的行為，因此讓民粹主義者可以相當公開地承認他們的做法。這也可以說明，為什麼即使腐敗事跡敗露，卻似乎很少傷害到民粹領導人（想想土耳其的艾爾多安，或奧地利極右派民粹主義者約爾格．海德〔Jörg Haider〕）。因為在追隨者的眼裡，「他們這麼做是為了我們」，是為了我們這一群正統的人民。本書第二章將指出，民粹主義者甚至會修撰憲法（委內瑞拉和匈牙利是最明顯的案例）。一般認為，民粹領導人靠著從總統府陽台直接對著沒有組織的大眾演說，偏好完全不受約束，但是與這種印象相反，民粹主義者實際上通常想要做出限制，只要這些限制完全是以政黨立場的方式運作。因此，他們的憲法與其說是維護多元，不如說是消滅多元的工具。

第三章說明民粹主義的一些深層源由，尤其是西方各國最近的社會經濟發展，也提出要如何成功因應民粹政治人物和其選民的問題。我反對父權式的自由主義態度：主張「必須認真看待他們的恐懼和憤怒」，並有效地提出處理方式；也反對主流政治行動者應該乾脆複製民粹主義提案的想法：把民粹主義者從辯論中完全排除，這種極端做法也不是一個可行的選項，因為這只是經由排除民粹主義者，而直接呼應了民粹主義者的排他意志。作為替代方案，我提出了如何應對民粹主義者的一些具體政治條件。

超過四分之一個世紀以前，一位實際上不怎麼知名的美國國務院官員，發表了一篇非常知名卻受到很多人誤解的文章。該文作者是法蘭西斯·福山（Francis Fukuayama），標題是〈歷史之終結〉（The End of History）。一直以來，為了表現一個人的智識成熟度而語帶輕蔑地說，歷史很顯然沒有因為冷戰結束而終結，這是一種很怠惰的方式。但是當然，福山並沒有預測所有的衝突將會終結，他只是打賭說，從思想的層面來看，再也沒有可以與自由民主相抗衡的思想了。他承認，某些地方的其他意識形態可能會獲得支持，但他仍然主張，這些意識形態中，沒有一個能與自由民主（以及市場資本主義）的全球吸引力競爭。

他錯得很離譜嗎？激進的伊斯蘭教對自由主義並不是嚴重的意識形態威脅。（那些召喚「伊斯蘭法西斯主義」〔Islamofascism〕幽靈的人告訴我們，他們渴望的是那些比得上盛行於冷戰時期的明確戰鬥路線，而不是他們對目前政治現實的作為。）作為菁英統治（meritocracy）的一種新模式，現在有時候被稱為「中國模式」的國家控制資本主義，顯然啟發了一些人，尤其是那些自認有最大優點的人。[2]（想想矽谷的企業家。）它讓數以百萬的人脫離貧窮的紀錄也鼓舞了許多國家，特別是開發中國家。但是「民主」仍然是最主要的政治獎賞，因為威權政府支付說客和公共關係專家大筆的金錢，以確保他們也可以被國際組織和西方菁英承認是真正的民主國家。

然而，這一切都對民主不利。民主現在面臨的危險並不是有系統地否定民主理想的完整意識形態，而是民粹主義，這是一種承諾要實現民主最高理想（「讓人民統治！」）的民主次級形式。換句話說，這個危險是來自民主世界內部，造成危險的政治行動者講的其實是民主價值的語言。最後的結果是出現一個公然反對民主的政治形式，這應該會讓我們所有人都感到困擾，這也顯示，我們需要微妙的政治判斷，來幫助我們精準地確定——民主是在何處終結，民粹的危險又是在何處開始。

1 Ivan Krastev, "The Populist Moment," available at http://www.eurozine.com/articles/2007-09-18-krastev-en.html, accessed March 1, 2012.

2 Daniel A. Bell, *The China Model: Political Meritocracy and the Limits of Democracy*（Princeton, NJ: Princeton University Press, 2015）.

CHAPTER 1

民粹主義者都在說些什麼

¶

「一個正在迷惑世界的幽靈：民粹主義。」[1]在一九六九年出版的民粹主義論文集序論裡，吉塔．艾尼斯丘（Ghita Ionescu）和艾尼斯特．葛爾納（Ernest Gellner）如此寫道。一九六七年，倫敦政經學院舉辦了一場相當大型的研討會，研討會的目的是「定義民粹主義」，這本書根據的就是研討會發表的論文。結果眾多與會者無法對定義達成共識。但閱讀這場集會的會議紀錄，仍然是很有啟發性的。讓人不禁想到，就和今日一樣，在談論民粹主義時，也會清楚講到所有的政治焦慮，因為很多乍看之下互相排斥的政治現象，都會使用**民粹主義**這個詞彙。今日，我們似乎也沒有一個大家同意的定義，有人可能會想問，這樣的定義真的存在嗎？

回顧一九六〇年代末期，「民粹主義」出現在「去殖民化」（decolonization）的辯論、有關「農民主義」（peasantism）未來的思考，以及從我們二十一世紀初的觀點來看，最驚人的也許是共產主義的起源和可能發展的討論，尤其是毛澤東主義。今日，特別是在歐洲，各種焦慮以及——較少被論及的希望——也圍繞著**民粹主義**這個詞而具體化。簡單扼要地說，一方面自由主義者似乎擔心日漸偏執的大眾成為民粹主義、民族主義，甚至是徹底的仇外心理（xenophobia）的受害者；另一方面，民主理論家擔心出現「自由的專家治國」（liberal technocracy），也就是由一群專家菁英進行「責任治理」（responsible governance），但他們有意識地不回應一般公民的希望。[2]那麼民粹主義可能是荷蘭社會學家凱斯·穆德（Cas Mudde）所說的「對於不民主的自由主義的一種不自由的民主反應」。民粹主義被認為是一個威脅，但也是對於距離「人民」太遠的政治的一種潛在矯正。[3]政治學者班傑明．阿迪蒂（Benjamin Arditi）描述民粹和民主之間的關係比喻很驚人，但可能含有更多的寓意。根據阿迪蒂的說法，民粹主義好比在一場晚宴派對上喝醉的客人：他不尊重餐桌禮儀、很魯莽，甚至可能開始「對其他客人的太太調情」。但是他也可能透露出一個關於自由民主的事實，就是人民主權（popular sovereignty）的創始理念已遭遺忘。[4]

在美國，**民粹主義**這個詞大致上仍然與純正的**平等主義**（egalitarian）左派政治思想有關，與民主黨的立場有潛在的衝突，在民粹主義評論者的眼裡，民主黨已經變得過度中間路線或是附和歐洲的言論，已經被技術專家（或甚至更糟糕的「財閥」）所俘虜。特別是與「華爾街」對抗的「平民街」（Main Street）捍衛者，他們被稱頌（或是憎惡）為民粹主義者，甚至有聲望的政治人物也是如此，例如紐約市長比爾・白思豪（Bill de Blasio）和麻州參議員伊莉莎白・華倫（Elizabeth Warren）。在美國，聽見人們談到「自由民粹主義」（liberal populism）很普遍，然而由於大西洋兩岸對自由主義和民粹主義的理解不同，這樣的表達在歐洲就會是明顯的矛盾。[5]如同大家熟知的，「自由」指的是像北美的「社會民主」，但「民粹主義」指的是它絕不妥協的版本；相對地，在歐洲，民粹主義絕對不會和自由主義結合，人們對後者的認知是尊重多元主義，並了解到民主必然包含制衡原則（而且一般而言，是對民眾意志〔popular will〕的限制）。

這個詞彙的不同用法似乎還不夠令人困惑，在金融危機之後出現的新興運動，尤其是茶黨#（Tea Party）和占領華爾街（Occupy Wall Street）運動，讓事情變得更複雜了。這兩個運動被不同的人描述為民粹主義，甚至在某個程度上，還提議主流政治中主要的右派和左派力量形成聯盟，把「民粹主義」當成可能的共同點。媒體對二〇一六年總統選舉普遍的報導

編注：二〇〇九年初開始興起的美國保守派右翼社會運動，名字引用自「波士頓茶黨事件」，提倡保守的經濟政策，反對歐巴馬政府所提出以增加國債刺激經濟復甦的計畫。

方式，又加強了這種奇怪的對稱意義：唐納．川普和伯尼．桑德斯都是民粹主義者，一個是右派，另一個是左派。我們經常被告知，兩人最起碼的共通點是受到民眾的「憤怒」、「挫折」或是「怨恨」所驅動的「反體制的造反者」（antiestablishment insurgent）。

民粹主義顯然是一個有政治爭議的概念。[6] 專業政治人物自己也知道，鬥爭的賭注比它的意涵更為重要。例如，在歐洲，表面上的「當權派」會急於將他們的對手標記為民粹主義者，但有些被貼標籤成民粹主義者的人會予以反擊，他們驕傲地接收這個標籤並宣稱，如果民粹主義代表為人民做事，那麼他們確實就是民粹主義者。我們要如何判斷這樣的主張，以及我們應該如何分辨真正的民粹主義者和那些只是被稱為民粹主義者的人（可能還有那些從未被稱為民粹主義者、從來沒有自稱為民粹主義者，但仍然可能是民粹主義者的人）？我們是不是正面臨著一場全然的概念混亂——從左派、右派、民主的、反民主的、自由的、不自由的，幾乎每一件事都可以被稱為民粹主義，而且民粹主義可以被視為既是民主的朋友亦是敵人？

那麼要如何進行呢？我在本章採取三個步驟：第一，我嘗試指出，為什麼幾個了解民粹主義的常見方法實際上會步向死胡同：專注在選民感受的社會心理學觀點；強調某些特定社會階級的社會學分析；政策提案的品質評估，以上方法對於了解民粹主義都有一些幫助，但是它們並無法恰當地勾勒出什麼是民粹主義，以及它和其他現象有什麼不同。（這對於聽取政治行動者的自述也沒有幫助，好像使用這個詞彙就會自動變成民粹主義者。）我將遵循一個不同的取徑來了解民粹主義，以取代這些方法。[7]

我認為民粹主義並不像某種成文的教義，而是一組明顯各異的主張，但擁有一個可以稱為內在邏輯的東西。當我們檢視這個邏輯時就會發現，對於很多觀察家主張已經變得過度「菁英主導」（elite-driven）的民主，民粹主義並不是一個有用的矯正方式。根據這種印象，自由民主牽涉到一種平衡，讓我們可以選擇多一點自由，或多一點民主，但這根本是一種誤導。可以肯定的是，民主國家針對某些問題，像是公民投票的可能性與頻率，或是法官有權力否決立法機構壓倒性多數通過的法律，可以有不同的法制。但是，經由鼓動被菁英忽略的「沉默多數」，以對抗已經當選的政治人物，能讓我們更接近民主，這種想法不只是一個錯覺，也是一種對政治有害的思想。從這個意義上來看，我相信，好好理解民粹主義，可以幫助我們深入了解民主。民粹主義就像現代代議民主（representative democracy）的一個永恆陰影，以及一個會持續出現的危險。意識到它的特徵可以幫助我們看出，我們實際生活其中的民主有何明顯特點，而這些特點也是某種程度上的缺點。[8]

了解民粹主義：為何過去的方法會走進死胡同

民粹主義是「進步的」或是「草根的」的概念，大致上是美洲（北、中、南）才有的現象。我們在歐洲可以發現，因為歷史條件不同，對民粹主義也有不一樣的看法。主要是自由主義的評論者認為，當地的民粹主義與不負責任的政策，或是與各種形式的政治迎合（「群眾煽動」和「民粹主義」經常被交替使用）有關。德裔英國社會學家拉爾夫·達倫道夫（Ralf Dahrendorf）曾經說過，民粹是簡單的，民主是複雜的。[9]更特別的是，民粹主義長期以來被聯想成與公債的累積有關，這個聯想也是最近希臘「激進左翼聯盟」和西班牙「我們可以」等政黨討論的主題，這些都是被很多歐洲評論者歸類為「左派民粹主義」的例子。

民粹主義也經常被認為與特定階級有關，特別是小資產階級以及那些從事土地耕種的人，直到農民（peasant）和農場主（farmer）從歐洲和美國的政治想像中消失為止（我會說時間點大約是一九七九年）。這在社會學上似乎是個強大的理論（當然，階級是一種構成，但可以用相當準確的方法在經驗上明確界定）。這個方法通常產生源自社會心理學的另外一套標準：公開支持民粹主義主張的人，特別是投票給民粹政黨的人，被認為是受到「恐懼」（現代化、全球化等），或是「憤怒」、「挫折」和「怨恨」的感受所驅使。

最後，歐洲和美國的歷史學家以及社會學家有一股趨勢，他們認為，具體說明民粹主義的最好方式，就是檢視在過去某個時間點自稱為「民粹主義者」的政黨和運動的共同點。因此，我們可以閱讀相關歷史人物的自我描述，當中討論到「主義」的相關特點。

依我的看法，這些觀點或是看似簡單的經驗標準，對於概念化民粹主義都沒有幫助。由於這些觀點被廣為流傳，以及看似經驗性和中性的判斷，例如「中下階級」和「怨恨」，經常沒有經過太多思考就被應用，因此我想要仔細說明我的反對理由。

首先，在檢視政策的品質時，真的很難否認，有些以「人民」為理由的政策，真的會流於不負責任。那些決策者並沒有深入思考，也沒有收集所有的相關證據，或者最有說服力的一點是——他們對可能的長期後果的理解，應該會阻止他們制訂只對自己選舉有短期效益的政策。不需要是新自由主義的技術專家，也能判斷某些明顯不合理的政策。想想委內瑞拉總統烏戈·查維茲倒楣的繼任者尼古拉斯·馬杜洛（Nicolás Maduro），他為了打擊通膨，竟然派軍人到電子產品商店裡，將產品貼上價格較低的標籤。（主要的原因是，馬杜洛偏好的通膨理論已變成「資產階級的寄生蟲」）。或是想想法國「國家陣線」（Front National），他們在一九七〇年代和一九八〇年代時張貼的海報說，「兩百萬的失業人口等於多了兩百萬的移民，實在太多了！」這個表述方式是如此的簡單，每個人都能理解，並且似乎可以用常識理解，什麼才是正確的政策解決方案。

但是，我們仍然無法用這個方法產生民粹主義的構成標準，在大部分的公眾生活領域裡，負責和不負責之間並沒有絕對清楚、沒有爭議的界線。不負責任的指控本身往往具高度的黨派色彩（而且最常被譴責的不負責任政策，幾乎總是有利於處境最糟的人）。[10]無論如何，以「負責」和「不負責」做為政治辯論的題目引發了一個問題，責任是根據哪一種價值或是更大的承諾？[11]拿自由貿易協定這個明顯例子來說，根據極大化整體國內生產毛額（GDP）的承諾來說，可能是負責任的；但是會有所得分配的不均後果，就其他的價值來看，可能會有人覺得無法接受。那麼辯論重點必須是關於整個社會的價值承諾，或者可能是依據不同經濟理論而來的不同所得分配。在民粹主義和負責任的政策之間做出區別，只會模糊關鍵的議題，也可能是抹黑某些政策批評的一個過於簡便的方法。

如果將焦點放在，民粹主義的主要支持者屬於特定的社經族群，一樣會造成誤導。如同許多研究顯示，在實證經驗上也是可疑的。[12]較不明顯的是，這樣的論點通常是源自現代化理論的一套大部分不足採信的假設。在很多例子中，起初支持被稱為民粹政黨的選民，確實具備相似的所得和教育程度，特別是在歐洲，那些投給普遍被稱為右派民粹政黨的人，所得較少，而且教育程度較低（他們也壓倒性地為男性，這個發現在美國也一樣，但是在拉丁美洲則不然。）[13]但是這個現象並非永遠如此。德國社會學家卡林·普里斯特（Karin Priester）曾經指出，經濟上成功的民眾經常採取一種本質上是社會達爾文主義者（Social Darwinist）的態度，並且實際上提出「我已經成功了，為什麼他們不能？」的問題為理由，而支持右派政黨（想想茶黨要求「重新分配我的工作倫理！」標語）[14]。尤其是在法國和奧地利等國家，民粹政黨變得如此龐大，實際上已經和以往被稱為的「全民政黨」（catch-all parties）極為類似，他們吸引了大量的工人，但他們的選民同樣來自很多其他的行業。

一些調查顯示，個人的社經狀況和對右派民粹政黨的支持經常毫無相關，因為支持右派民粹政黨是基於對於國家現況更一般性的評估。[15]因此，把國家衰退或危險（「菁英在掠奪我們自己的國家！」）的認知，歸納為個人恐懼或「身分焦慮」，是非常誤導人的觀點。很多民粹政黨的支持者，對於政治情勢進行自己的思考（甚至是他們自己的研究），實際上非常感到自豪，並且也否認他們的立場只是為了自己，或只是受到情緒的驅使。[16]

我們在使用像是「挫折」、「憤怒」這類情緒性的字眼來解釋民粹主義時，真的應該要非常小心，尤其是「怨恨」。其原因至少有兩個：第一，當評論者在引用類似怨恨的詞彙時，心裡可能沒有復誦尼采（Nietzsche）的《論道德的系譜》（*The Genealogy of Morality*），因此很難明白，為什麼有人可以完全不受怨恨的特定內涵所影響。那些心懷怨恨的人，在定義上是軟弱的人，但即使在尼采的分析中，那些充滿怨恨的人也可以變成有創意的人，藉由重新排序人類的價值，在弱者當中最聰明的人可以打敗強者。儘管如此，心懷怨恨的人仍然是由他們的劣勢地位和反動性格來定義。[17]他們對強者的感覺不佳，但把這種感受掩飾起來；因為他們最後還是渴望被強者認可，因此他們的自我理解基本上還是仰賴強者。意思是說，心懷怨恨的人總是不能採取自主行為。關於自身的實際狀況，他們必須不斷對自己說謊，即使他們永遠不大相信自己的謊言。就像哲學家馬克斯・謝勒（Max Scheler）曾經說過的：怨恨慢慢地導致人類毒害自己的靈魂。[18]

現在，有人可能真的相信，所有戴著棒球帽上繡有「讓美國再度偉大」（Make America Great Again）口號的人，真的就是這樣。或者，投票給民粹政黨的人通常擁有威權人格，或可能是社會心理學家所稱的「低友善人格」（low agreeable personalities）。[19]但是人們至少應該要面對這樣的心理學分析診斷產生的政治後果，也就是說，他們最後證實了那些人對「自由主義菁英」的觀點，他們不只是高高在上，而且在本質上無法堅持自己的民主理想，因為他們不能接受普通人的話，寧可對心懷恐懼和怨恨的公民提出政治處方。事實很簡單，「憤怒」和「挫折」的情緒可能不是一直都很清楚地被表達出來，而且它們也不是完全與思想脫離，所以並非「只是情緒」而已。憤怒和挫折是有原因的，大部分的人實際上可以用不同的形式來表達。[20]當然，這並不是說所有的原因都是合理的，所以應該要信以為真；受到委屈的感受，或是「國家已經被別人奪走了」的情緒，當然不是這樣說了就是對的。但是輕易地將討論轉移到社會心理學（並且將憤怒和挫折的人視為政治療養院的可能病患），就是忽略了要盡力理解的基本政治責任。看似開明的自由主義者像是在重複一些十九世紀知名前輩的排他姿態，他們對於擴大投票權相當小心翼翼，因為他們認為，群眾「過於情緒化」，無法負責任地投票。

現在也許會有人要下結論說，沒有任何事可以阻止菁英批評一般人民的價值承諾，但是將一套政治思想的內容與其支持者的社經地位與心理狀態結合，依然是相當奇怪的作法。這就好比說，了解社會民主黨的最好方式是將它的選民重新描述為忌妒有錢人的工人。民粹主義支持者的背景顯然與我們要如何思考這個現象有關。僅僅把整個現象解釋成是「現代化過程中的輸家」不善於政治表達，這種說法不只態度傲慢，也不算是一個真正的解釋。

那麼我們為什麼有這麼多人不斷使用這種說法呢？因為，不管有意或無意，我們從一九五〇和一九六〇年代盛行的現代化理論中，持續得到一套假設。這是真的，即使徵詢很多政治理論家和社會學家，他們也會認為，現代化理論完全不足採信。像丹尼爾・貝爾（Daniel Bell）、愛德華・希爾斯（Edward Shils）和西摩・馬丁・利普塞特（Seymour Martin Lipset）這樣的自由主義知識分子（全部都是社會學家馬克思・韋伯〔Max Weber〕的繼承人），他們在一九五〇年代開始發表，民粹主義是那些渴望更簡單和「前現代化時期」生活的人，對於焦慮和憤怒的無助表達。[21]

例如，利普塞特認為，民粹主義吸引的是「不滿和心理上無依……個人的失敗、在社會上被孤立、經濟上不安全、未受教育、天真和威權人格的人」。[22]這些社會理論的直接目標是麥卡錫主義（McCarthyism）和約翰伯奇協會（John Birch Society）#，但是他們的推斷通常會向前延伸到十九世紀晚期，最初的那些美國民粹主義反叛分子。例如，維克多・C・弗克斯（Victor C. Ferkiss）認為，農民聯盟（Farmer's Alliance）和人民黨（People's Party）追隨者不過是另一種美國法西斯主義的先驅。[23]這個論點並非沒有爭議，但是今天很多社會與政治評論者依然採用這個背景假設。[24]

最後，有人認為，民粹主義必然與那些首先稱自己為民粹主義者的人有關。想想十九世紀晚期俄國的民粹派（*narodniki*），以及他們通常被譯為「民粹主義」的*Narodnichestvo*意識形態。民粹派是一群將俄國農民理想化的知識分子，並且認為村社（village commune）是全國的政治模範。他們也提倡要「走向人民」，以尋求政治建議和指導。（如同很多都市知識

譯注：一九五八年在美國成立的極右派反共組織。

分子，他們發現「人民」沒有用他們所期待的方式歡迎他們，也不認同知識分子從他們「單純的生活方式」所推論出來的政治處方。）

對很多觀察家來說，十九世紀末在俄國和美國同時出現某個被稱為「民粹主義」的事物，必然有其原因。兩個運動都與農場主及農民有關，因此衍生出一個至少到一九七〇年代還相當盛行的想法，就是民粹主義與分田主義（agrarianism）有緊密關聯，或是在快速現代化的社會裡，必然會出現反動分子與經濟弱勢團體的反叛。

雖然那樣的組織在現在已經大幅減少，不過對很多觀察家來說，特別是美國「民粹主義」的起源，從支持弱勢，或是帶領被排除在外的人進入政治的意義上來看，仍然暗示著民粹主義在某個程度上是受歡迎的。而且在觀察拉丁美洲時，這層意義再度被強化，因為在這片全球經濟最不平等的大陸上，倡議者經常強調民粹主義的包容及解放性質。

誠然，我們不能只是用命令禁止這樣的組織，因為歷史就是歷史，如同尼采告訴我們的，只有那些沒有歷史的事物才可以被定義。但是，政治和歷史理論也不能只是根據一種特定的歷史經驗，例如，假設民粹主義的每一種形式都符合美國人民黨的範本。[25]我們必須允許一種可能性，對於民粹主義的合理認識，最後將會排除明確宣稱自己是民粹主義者的歷史運動和行動者。除了少數的例外，歷史學家（或是關心這個歷史現象的政論家）並不會因為納粹自稱為社會主義者而主張，適當的社會主義知識需要納入國家社會主義（National Socialism）。那麼，要決定哪一種歷史經驗真的符合一個特定的「主義」，當然必須要有那個特定「主義」的理論。

所以，什麼是民粹主義呢？

民粹主義的邏輯

我建議的是，民粹主義是一種特別的**政治道德想像**，是一種認知政治世界的方式，這個思想的設定是，讓道德高尚和完全統一的民眾（但我認為這最終是虛構的），來對抗腐敗或是在其他方面道德較差的菁英。[26]為了要成為民粹主義者，批判菁英是一個必要條件，但不是充分條件；否則，在任何國家，每一個批評掌權者或是現狀的人，在定義上都是民粹主義者。除了反菁英以外，民粹主義者經常是反對多元主義的，民粹主義者主張，他們（而且**只有他們**）代表人民。[27]在尚未掌權時，民粹主義者會說，其他政治競爭者只是不道德和腐敗菁英的一部分；在入主政府時，他們將不承認任何合法的反對者。民粹主義的核心主張也暗示，任何不是真正支持民粹政黨的人，一開始就可能不是適當人民的一分子。用法國哲學家克洛德．萊福特（Claude Lefort）的話來說，真正的人民一開始應該是從實際的公民全體當中所「萃取」出來。[28] 然後這群理想的人民會被假設為道德高尚，並且全體意志一致。

隨著代議民主的引進，才出現了民粹主義，因此民粹是民主的陰影。民粹主義者嚮往政治理論家南希．羅森布倫（Nancy Rosenblum）所說的「整體論」（holism），他們認為政體不應該再分裂、人民可能成為一體，而且所有的人能有一個真正的代表。[29] 因此民粹主義的核心主張是反多元主義的道德化形式。不效忠這個主張的政治行動者，就不是民粹主義者。[30] 民粹主義需要一個**部分替代整體**（*pars pro toto*）的論點，以及一個具有排他性代表地位的主張，這兩點都不是基於經驗，而是道德意義上的理解。換句話說，如果沒有以全體人民名義代言的人，就不會有民粹主義。[31] 看看喬治．華萊士（George Wallace）就任阿拉巴馬州州長時惡名昭彰的演說：「奉曾經踩踏在這片土地之上的偉大人民之名，我在塵土上畫上界線，在暴政腳前下戰帖……我宣布……立刻要種族隔離……明天要種族隔離……永遠都要種族隔離。」[32]種族隔離沒有永遠持續下去，不過，華萊士的言論永遠敗壞了他的名聲，因為這顯然是種族主義。然而，透露出華萊士是民粹主義者的這段聲明，是聚焦在他談到「曾經踩踏在這片土地之上的偉大人民之名」。究竟是什麼人賦予阿拉巴馬州長代表全體美國人發言的權利，很顯然，這必須刪除「暴政」的擁護者，當然這就代表甘迺迪政府，以及其他每一個正在努力終結種族隔離的人？另外，是什麼人允許他宣稱「真正的美國」，就是他所稱的「偉大的盎格魯－撒克遜人的南部」？[33]很顯然，美國的每一件美好和正統的事物都是南方的，或者當華萊士如此呼喊的時候似乎正是如此：「你們懷有古老英格蘭堅定愛國主義的土生土長的兒女們……偉大堅毅的中西部本地人……以及懷有大西部自由開拓熾熱靈魂的後代，我們邀請你們來與我們一起……因為你們擁有南方的心靈……南方的精神……和南方的哲學……你們也是南方人，是與我們一起並肩作戰的弟兄們。」演講趨近尾聲時，華萊士還宣稱，所有開國元老實際上都是南方人。[34]

這就是民粹主義的核心主張：只有一部分的人民是真正的人民，想想奈傑爾．法拉奇慶祝脫歐投票時宣稱，這是屬於「真正的人民的勝利」（這讓反對英國離開歐盟的四八％英國選民不那麼純正，或者，更直接地說，質疑他們身為政治社群適當成員的身分）。或者，想想唐納．川普一次沒被注意到的發言（因為這個紐約億萬富翁發表粗暴和唐突言論的頻率相當高），在五月的一場競選集會裡，川普宣布說，「唯一重要的是人民的統一，因為其他人不具有任何意義。」[35]

從希臘和羅馬時代以來，「人民」的使用至少有三個意義：第一，人民全體（也就是說，政體的所有成員，亦曾被稱為「政治實體」〔the body politic〕）；第二，「平民百姓」（common people，共和體制由平民組成的部分，或者用現代的語彙來說：被排斥的、受壓迫的以及被遺忘的人）；還有第三，整個國家（明顯是文化意涵上的理解）。[36]

所有訴諸「人民」的論述就是民粹主義，這種說法顯然是不妥當的。將人民理想化（想想俄國思想家巴枯寧〔Bakunin〕說的，「人民是道德真相的唯一來源……我心裡想到的是惡棍、人渣，以及沒有被資產階級文明污染的人」）不一定就是民粹主義，雖然十九世紀晚期的俄國民粹派，正是以這種方式理解民粹主義。比較不明顯的是，就算有明確的批評菁英言論，支持「平民百姓」或是被排斥的人，也不是構成民粹主義的充分證據。要成為民粹的政治行動者或運動，就必須主張**部分**的人民**才是**人民，而且只有民粹主義者可以真正辨識和代表真正和真實的人民。用源自古羅馬的話來說，為了「**平民百姓**」（*plebs*）的利益而戰，並**不是**民粹主義，但是說只有**平民百姓**（相對於羅馬貴族，不必理會奴隸）才是**羅馬人民**（*populus Romanus*），而且只有特定的人民適當地代表正統的人民，**才是**民粹主義。依照相同的脈絡，在馬基維利（Machiavelli）的佛羅倫斯，為了**人民**（*popolo*）與**權貴**（*grandi*）對抗，不會自動變成民粹主義，但是不論他們說什麼或做什麼，說**權貴**不屬於佛羅倫斯，**就是**民粹主義。

民粹主義者通常是以工作和腐敗的角度來思考政治道德，導致一些觀察家將民粹主義與不同的「生產者主義」（producerism）意識形態相連結。[37]民粹主義者挑出高尚、無辜，並且永遠在勤奮工作的人民，對抗沒有真正在工作的腐敗菁英（除了為自己謀取更多利益以外），右派民粹主義也反對社會最底層的人（那些也是沒有真的在工作，依靠別人工作而活得像寄生蟲的人）。在美國的歷史裡，想想總統安德魯．傑克森（Andrew Jackson）[#]的追隨者，他們反對上層的「貴族」和美國原住民，以及底層的奴隸。[38]右派民粹主義者的典型主張是，要認清沒有真正歸屬的菁英，以及與人民不同的邊緣族群，兩者之間的共生關係。在二十世紀的美國，這些團體通常有一方是自由主義菁英，另一方則是少數族群。關於巴拉克．歐巴馬（Barack Obama）出生證明的爭議，突顯了這個邏輯的荒謬和刻板：在右派人士眼中，總統同時是「活躍在東西兩岸的菁

譯注：第七任美國總統，美國早期民粹主義倡導者。

英」，也是非裔美國人，兩者都不屬於美國本土。這也解釋了「出生地懷疑派」（birthers）#超乎尋常的執著於證明，歐巴馬不只是象徵性地為**不合法**的公職人員，也明顯是個**不合法**的人，因為他是一個「非美國」人並在偽造的假裝之下，篡奪了這個國家的最高位。（這個執著甚至超越了一九九〇年代右派人士的趨勢，他們稱呼比爾．柯林頓（Bill Clinton）為「你的總統」，但他們批評政府最高首長基本上不合法的根本衝動是類似的。）[39]你也可以想想後共產主義菁英和種族團體，例如中歐和東歐的羅姆人（Roma，按：通稱的吉普賽人），或是義大利的「共產主義者」和非法移民（根據西爾維奧．貝魯斯柯尼（Silvio Berlusconi，按：前義大利總理）的講法）。在前者的例子中，自由派的後共產主義菁英與外部政權共謀，例如歐盟，並且支持與真正的祖國不相容的信念，因此並不屬於適當的人民。而羅姆人是歐洲受歧視最嚴重的少數族群，在國內並沒有適當的歸屬之地，例如，匈牙利極右派的民粹政黨尤比克（Jobbik），總是將

譯注：認為歐巴馬不是在美國出生，因此沒有資格競選美國總統的人。

「政客犯罪」與「吉普賽犯罪」相類比。[40]

民粹主義者提出的政治道德概念，顯然是依靠一些標準來區分道德和不道德、高尚與腐敗、重要的人，以及——依川普的說法——那些「沒有任何意義的人」。但是這個區分關鍵不必是工作或不工作。如果「工作」變得不確定，種族標記（ethnic marker）就會隨時派上用場。（當然，種族主義思想經常把種族與懶惰畫上等號，但不會讓這種表述方式看起來很明顯：沒有人會想像福利女王（welfare queen）#是白人。）然而，認為民粹主義最後總是會變成民族主義或是種族沙文主義，這種想法是錯誤的。民粹主義者有很多的方式來區分道德和不道德，在道德高尚的人民與他們的對手之間，總是必須存在某些差異。高貴人民的假設也將民粹主義者和其他反對多元主義的政治行動者做了區分，例如，列寧主義者和極度偏執的宗教人士並不認為，人民是道德高尚而且意志一致的——不是每個反對多元主義的人都是民粹主義者。

譯注：依靠福利金過著優渥生活的婦女，也就是濫用福利制度的窮人。

民粹主義者到底主張他們代表什麼？

與傳統觀點相反，民粹主義者並沒有反對代議觀念，他們反而積極地為特定的代議版本背書。民粹主義者可以接受代議制度，只要是對的代議士代表對的人民，並且做出對的判斷，因此做了對的事。

除了決定誰真的屬於人民，民粹主義者也必須說明，正統的人民實際上需要什麼。他們通常認為，存有一種單一的共同利益，而且人民能夠分辨並且願意促成；另外，一個政治行動者或政黨（或者比較不可行的，一場運動）可以明確地將其當作政策予以執行。[41]從這個意義來看，凱斯．穆德和克里斯托巴．羅維拉．卡特瓦瑟（Cristóbal Rovira Kaltwasser）在民粹主義實證案例的偉大著作裡指出，即使民粹主義和盧梭的民主思想有重要的差異，民粹主義者總是聽起來至少有點「盧梭派」（Rousseauean），這一點我稍後將再說明。[42]此外，對於單一共同利益的強調，認為這個共同利益能夠以常識清楚理解，而且可以被清楚表達為集體意志想要的單一正確政策，至少部分解釋了民粹主義為什麼經常與過度簡化政策挑戰的概念有關。[43]例如，匈牙利右派民粹領導人維克多·奧爾班在二〇一〇年和二〇一四年的選舉之前並沒有參加辯論（兩次他都勝選），他拒絕辯論的理由如下：

> 現在不需要特定的政策辯論，我們眼前的選項很清楚……當很多人圍繞在一棵倒在路上的樹時，我確定你們都曾見過發生什麼事。總是會有兩種人，那些有很棒的想法，知道如何搬移樹木的人，他們與其他人分享絕妙的理論，並且提供建議。其他的人卻只知道，最好是開始把樹木拉到道路一旁……（我們）必須了解，重建經濟並不需要理論，而是三十個強壯的小伙子，開始著手我們都知道應該要做的事情。[44]

奧爾班把正確的政策解釋成普通常識容易理解的事，必須做的事很明顯，不需要為了價值或是考量經驗證據而辯論。

除非有其必要。我們已經看到，對民粹主義者來說，當他們競選的時候，不可能有合法競爭這回事，因此會出現這樣的口號，像是「打倒他們所有人！」（*Abbasso tutti!*）、「每一個人都滾蛋！」（*¡Que se vayan todos!*）、「讓他們全部都離開！」，（*Qu'ils s'en aillent tous!*）或是畢普·格里羅的V-Days（V代表*vaffanculo*〔滾蛋〕）。當他們掌權時，一樣不會有合法的反對者這種事。但是，假如只有他們是人民的合法代表，為什麼民粹主義者沒有早就掌權了呢？而且一旦他們取得權力，怎麼會有人反對他們呢？民粹主義者對政治代議制度的了解，有一個至關緊要的面向：雖然他們聽起來好像支持民眾意志的民主代議概念，實際上他們依靠的是「真正的人民」的**象徵性**代表地位（如同「真正的美國人」的概念——喬治·華萊士喜愛的用語）。對他們來說，「人民本身」是一個現有民主程序之外的虛構實體，是一個同質性和道德一致的主體，他們所宣稱的意志，可以用來反抗民主的實際選舉結果。理查・尼克森（Richard Nixon）有名的（或是說臭名昭彰的）「沉默的多數」概念，在民粹主義者之間這麼出名並非意外，如果大多數人不是沉默的，早就會有真正代表他們的政府。[45]假如民粹主義政治人物在選舉上落敗，並不是因為他或者她沒有代表人民，而是大多數人不敢發言。只要民粹主義者成為反對派，他們永遠會召喚「外面」非制度化的人民，以反對已經被實際選舉授權的政府官員，或者甚至反對民意調查的結果，因為調查結果未能反映出民粹主義者認為的真正民意。

這種超越所有政治形式和構成的「人民」概念，在兩次大戰期間，被右派法學理論家卡爾・施密特（Carl Schmitt）大幅理論化。他與法西斯主義哲學家喬瓦尼・秦梯利（Giovanni Gentile）的著作，因為主張法西斯主義比民主本身更能夠忠實實現與具體說明民主理想，因此成為民主和非民主之間的概念橋梁。[46]相反地，施密特的對手、奧地利法學家（與民主理論家）漢斯・凱爾森（Hans Kelsen）則堅持，議會的意志並不是民眾的意志，而且事實上，我們不可能看出某個明確的民眾意志。根據凱爾森的說法，我們能夠證實的只有選舉結果，其他的一切（特別是「人民」這個有機的整體，可以從中推論出一些凌駕政黨之上的利益）就等於是「後設政治的錯覺」（metapolitical illusion）。#[47]

在這裡，**錯覺**這個詞彙是有道理的，因為全體人民永遠不可能被掌握和代表，更不要說它永遠不可能維持不變，即使是一分鐘也不可能，因為公民會死亡，新的公民會出生。但總是會有人主張，我們可以真的了解人民本身。[48]當羅伯斯庇爾（Robespierre，按：法國大革命期間激進派人物）說他就是人民時，他只是讓自己變得比較好過（而依循的也是法國大革命時，被廢除王位的國王們的邏輯）。這是在說，法國大革命從來沒有找到一個滿意的方式，來象徵性地代表人民主權的原則：全體人民不可

譯注：meta-源於希臘語，意思是「之後」、「之外」、「之上」、「之間」。廣義上來說，就是超越什麼的什麼，或關於什麼的什麼。

能一起顯現，而特別的符號，例如佛里幾亞無邊帽（Phrygian cap）#、加冕的年輕人，或是大力士海克力斯（Hercules），也顯然沒有說服力。雅克－路易・大衛（Jacques-Louis David，按：法國大革命期間知名畫家）曾經想在塞納河的新橋（Pont Neuf）豎立一座巨型的「人民」雕像，並用砸碎的皇室紀念碑當基座，把「人民的敵人」的大砲熔化作為雕像的青銅（這個計畫通過了，但是只有建造了模型）。應該是革命最重要的人物——至高無上的人民，現在變成「法國的耶和華」，也就是說，完全無法被代表。（只有一個詞彙可以顯示：在革命的慶典活動上，印有盧梭《社會契約論》〔*Social Contract*〕的旗幟，到處飄揚。）[49]

碰巧的是，我們現在也得釐清人民的民粹主義代表與盧梭的共同意志（general will）的主要差異：後者的形成需要公民的實際參與；而另一方面，民粹主義者可以根據人民的意涵，例如，作為一個「真正的美國人」，而推測出人民的適當意志。如果你喜歡，還可以說更多的民族精神

\# 譯注：又稱自由之帽，本為古代小亞細亞佛里幾亞人所戴，在十八世紀和法國大革命時，成為自由和解放的標誌。

（*Volksgeist*），甚於公共意志（*volonté générale*），這是一種民主的概念，是由「本質」、「精神」，或更直接地說，「真正的認同」來做決定，而不是取決於人數較多的那一方。民粹主義者的主張起初看起來像是要代表公共意志，最後卻變成代表某種象徵性的物質。

然而，可能有人會反對，民粹主義者不是經常要求更多的公民投票嗎？是的，但是他需要弄清楚，公民投票對民粹主義者的真正意義。他們並不想要人民持續參與政治，公民投票並不意謂在實際的公民之間啟動一個開放性的審議過程，並產生一系列經過深思熟慮的大眾決定；相反地，公民投票是要認可民粹主義領導人所認為的真正共同利益，這是一種身分認同問題，而不是彙整經驗上可以證實的利益問題。沒有民眾參與的民粹主義，是一個完全一致的論述。事實上，如果有人認為，反菁英主義者代表的是應該永遠盡可能廣泛分散權力，那麼民粹主義者甚至不是天生的反菁英主義者。之前提過，民粹主義者不認為代表有問題，只要他們本身就是代表；相同地，他們對於菁英也沒有意見，只要他們本身就是領導人民的菁英。因此，如果有人指出川普實際上是既有菁英的一分子（儘管在狹義的意義上不是政治菁英），而認為自己拿下致勝的一分，這將是很天真的。在歐洲，商人變成政治人物也是相同的情況，例如瑞士的民粹主義者克里斯多夫・布勞赫（Christoph Blocher）。他們和支持者都知道，他們是菁英的一分子，但重要的是他們的承諾，身為適當的菁英，他們將不會背叛人民的信任，並且將忠實執行人民明確表達的政治理想。

因此，民粹主義者掌權後（關於這一點我將在下一章有更多的陳述），對於本質上被動的人民，經常採取一種「照顧者」的態度，也不是偶然。想想貝魯斯柯尼在義大利的政權：理想狀況是，貝魯斯柯尼的支持者舒服地坐在家裡看電視（最好是貝魯斯柯尼所擁有的電視頻道），將國家的事務交給騎士（Cavaliere，按：貝魯斯柯尼外號）就好，他會像管理一家大型企業（有時候稱為**義大利公司**〔*azienda Italia*〕）一樣成功地治理國家，民眾不需要走進露天廣場來參與。或者想想奧爾班在匈牙利的第二次執政，從二〇一〇年以來，制定了一部理應為真正的國家憲法（假裝用問卷進行全國諮商的程序之後），但卻認為沒有必要將憲法付諸全民公投。

我們現在也處在一個更適切的位置來理解，為什麼民粹主義者經常與「人民」訂立「契約」（瑞士極度民粹的人民政黨〔People's Party〕曾經這麼做，貝魯斯柯尼和海德也是；美國有一些人可能會記得前美國眾議院議長金瑞契（Newt Gingrich）的「與美國立約」〔Contract with America〕）[50]。民粹主義者假定「人民」可以用一種聲音發言，並且發布類似「強制委任」（imperative mandate）的東西，來告訴政治人物在政府裡要做的事（與其相反的是「自由委任」〔free mandate〕，代議士必須自己做判斷）。因此沒有真的需要辯論，更不要說在國會或是其他全國議會麻煩地來回討論。民粹主義者永遠是真正的人民的忠實發言人，並擬定契約的條款。然而事實上，強制委任根本不是真的完全來自人民，它所謂的詳細指示根據的是民粹政治人物的詮釋。政治學家長期以來都認為，一個完全一致而單一的「民眾意志」是一種幻想[51]，沒有人能夠可靠地主張，如同前阿根廷總統胡安·裴隆（Juan Perón）曾經做過的，「政治領導人是去做人民所欲之事的人。」[52]此外，比較不明顯的是，假裝有這樣的意志，也削弱了民主的問責制。民粹主義者永遠可以轉向人民，並且說：「我們執行的正是你們想要的，是你們授權我們；假如有任何事情出錯，那不是我們的錯。」相反地，與強制委任相對的自由委任，是在選舉期間，也就是問責的時候，把如何應用政治判斷的責任加在代議士身上。民粹主義者喜歡表明，自由委任是不民主的；事實恰好相反，民主憲法明定代議士的角色是選擇自由委任，而不是強制委任，這並不是偶然。

有原則的、道德化的反多元主義和依賴「人民」這個非制度化的概念，也有助於解釋，當選舉的實際結果對他們不利時，民粹主義者為什麼如此頻繁地反對「道德正確」的投票結果——想想維克多·奧爾班在二〇〇二年輸掉匈牙利選舉時宣稱，「國家不可能是反對派」；或者安德烈・曼奴伊・羅培茲・奧布拉多（Andrés Manuel López Obrador）在二〇〇六年墨西哥總統選舉失利時提出，「在道德上，右派不可能勝利」（並且宣布自己是「墨西哥合法的總統」）；[53]或是茶黨的愛國者宣稱，贏得大多數選票的總統是「與大多數作對的統治」；[54]還有海基爾特・威爾德斯的例子，他指控荷蘭國會（*Tweede Kamer*）是一個有著「冒牌政治人物」的「冒牌國會」；最後，還有唐納・川普在每次初選落敗時的反應，他控訴對手作假，並先發制人的宣稱，整個制度，包括共和黨全國大會本身，都是「被操控的」。簡而言之，問題從來不會是民粹主義者代表人民意志的能力不夠好；相反地，永遠是制度產生了錯誤的結果。所以即使他們看起來很民主，但背後一定有什麼事，讓腐敗的菁英持續背叛人民。因此陰謀論並不是民粹主義新增的奇怪言論，它們是根深蒂固，來自民粹主義本身邏輯的論述。

民粹主義領導人的面貌

乍看之下，很多民粹主義領導人似乎證實了他們「就像我們一樣」的期待，他們是「人民當中的男人（或甚至是女人）」。但是有些領導人顯然不符合那樣的描述。唐納．川普在各方面肯定不是「就像我們一樣」，實際上，真正的民粹主義領導人可能看起來完全和「我們」相反——也就是說，普通的我們。一方面，他或是她必須是有魅力的，意思是天生具有超凡的天賦。所以那是什麼呢？烏戈．查維茲只是一般人嗎？或者他其實有點特別，因為如同他喜歡說的，他有「一點點你們所有人的特質」？

乍看之下，經由選舉機制產生的代議制度的基本邏輯，可能也適用於民粹主義者：我們選擇一個民粹政治人物，是因為他或她有**超強**的能力辨識出共同利益，就像人民判斷的一樣。[55]這和一般對選舉的了解沒有什麼不同，選票幫助我們得到「最好的人」進駐政府機關（這個概念讓一些觀察家認為，選舉總是包含一種貴族的元素；假如我們真的相信所有的人民都是相同的，我們就會採取抽籤方式來填補政府機關的職位，就像古雅典的例子一樣）。[56]被選出來的人看起來可能比較會辨識共同利益，因為他或她和我們有相同的重要特質，但這不是必要的。無論如何，嚴格說來，沒有人和我們是「完全相同的」。即使「水電工喬」#（Joe the Plumber）在某個意義上也是特別的，因為他比任何人更普通。[57]

奧地利極右派民粹政治人物海因茨—克里斯蒂安．斯特拉赫（Heinz-Christian Strache，奧地利自由黨主席約爾格．海德的繼任者）的選舉口號，可能是民粹領導人實際上如何運作的線索：「他想要我們想要的」（HE wants what WE want／*ER will, was WIR wollen*），這與「他就像你一樣」並不完全一樣。或是另一個口號「他說出，維也納所想的」（He says, what Vienna thinks／*Er sagt, was Wien denkt*），而不是「他說出（或者是），維也納是什麼。」或是從世界上一個完全不同的地方召喚一個虛構

編注：因其在二〇〇八年的美國總統選戰中，曾在造勢場合向歐巴馬提問而受到注目，而後「水電工喬」遂變成美國中產階級的代名詞。

的政治人物——威利・史塔克（Willie Stark），他在《國王的人馬》（*All the King's Men*，史上有關民粹主義最偉大的小說，取材自休伊・朗〔Huey Long〕在路易斯安那州的**生涯故事**）的口號：「我鑽研的是人民的心」。

領導人正確辨識出我們正確的想法，而且有時候可能比我們更快一點點想出正確的事。我要大膽提出，這一點就是唐納・川普在推特上經常發表祈使語氣「要思考！」（THINK!）或是「變聰明點！」（GET SMART!）的意義。這一切並不是靠領導人的魅力，也不是靠政治的圈外人。當然，如果某人明顯不是既有菁英的一分子，他與他們競選就更有可信度。但是當然，有些民粹主義者看得出來明顯就是職業政治人物，例如，基爾特・威爾德斯和維克多・奧爾班，他們整個成年後的人生都待在國會裡，但這似乎並不損及他們身為民粹主義者的地位。

但他們到底是以什麼方式來宣稱代表以及「領導」我們呢？假如稍早的分析是正確的，「象徵性地正確」代表，也是很重要的。這並不是說領導人個人必須要特別有魅力，但他或她必須和人民的「實質」有直接的關聯，與每一個人有關聯更好。這就是為什麼查維茲競選時主打的口號會是「查維茲就是人民！」（*¡Chávez es Pueblo!*），以及「我們查維茲有百萬人，你也是查維茲！」（*¡Chávez somos millones, tú también eres Chávez!*）。而且在他過世之後，人民在新的祈使句「讓我們像查維茲」（*Seamos como Chávez*）下聚在一起。

領導人不需要「具體表現」（embody）人民，例如像「英迪拉[#]是印度，印度是英迪拉」這種宣言所暗示的意義，但需要有直接關聯和認同的意涵。民粹主義者總是想要切斷中間人，也就是說，在人民和政治人物之間，盡可能不依賴複雜的政黨組織做為媒介。他們對新聞記者也想做一樣的事：媒體經常被民粹主義者指控在「居中斡旋」（mediating），儘管就如真正的字面意義，這就是他們實際上應該做的事，但在民粹主義者眼中是在扭曲政治現實。對於這個現象，娜迪亞·烏賓那堤（Nadia Urbinati）

譯注：英迪拉·甘地（Indira Gandhi）曾任兩屆印度總理，印度近代著名的政治人物。

為這個現象創造了「直接代表」（direct representation）的概念很有用，即使乍聽之下有點矛盾。[58]一個很好的例子是畢普．格里羅和他在義大利的「五星運動」，這個運動簡直就是在格里羅的部落格發展起來的。一般義大利人可以直接進入格里羅的網站，看看實際上正在發生什麼事，並在線上提供一些意見，然後就認同格里羅是義大利人民唯一的正統代表。就像格里羅自己的解釋：「鄉親啊，事情是這樣運作的：你們讓我知道，然後我會成為你們的擴音機。」[59]當被暱稱為格里尼（*grillini*）的格里羅追隨者最後終於進了國會，格里羅的策士兼網路經理人吉安羅伯托．卡薩雷喬（Gianroberto Casaleggio）表示，「義大利的輿論」終於抵達國會。[60]

我們可以說，在二〇一六年總統競選期間，唐納．川普的推特帳號就有類似的吸引力：「真正的美國人」可以不必依賴媒體，就可以直接接觸一個不只是知名人物的人；這位自稱是「一百四十個字的海明威（Hemingway）」[#]，以獨特的方式這樣直言不諱。從孟德斯鳩

\# 譯注：推特規定每則發文只能在限制的一百四十個字以內。

（Montesquieu）到托克維爾（Tocqueville）以來的自由主義者，曾經稱讚他們所謂的中間機構有緩和的作用，在此完全消失不見，並轉而支持烏賓那堤的「直接代表」。同樣的方式，每一件可能與我們的思考互相矛盾的事，在網路的回音室裡完全沉默無聲。網路（以及像川普這樣的領導人）總是會有答案，而且令人驚訝的是，它永遠剛好是我們正在期待的答案。

有原則的反多元主義，以及對「直接代表」的承諾，說明了民粹主義政治的另一項特色，就是其經常被評論為孤立。我指的是，民粹政黨內部幾乎都是龐大的整體，普通成員明顯隸屬於一個單一領導人（或者一群領導人，這比較不常見）。現在，政黨的「內部民主」有點像是不可能實現的希望。有些憲法實際上是把政黨的內部民主，當成民主以及政黨正當性（以及最後的合法性）的石蕊測試。很多政黨仍然是馬克思·韋伯所描述的那樣：挑選和選舉領導人的機制，或者最好的是，由個性驅使的微觀政治舞台（相對於理性辯論的論壇）。雖然這是政黨的一般趨勢，但是民粹政黨特別容易流於內部威權主義。假如共同利益只有一個，而且忠實代表它的方法只有一個（相對於一個有自我意識的黨派，可能會在自我意識上錯誤詮釋可能的共同利益），那麼主張是共同利益唯一合法代表的政黨，顯然就不能允許內部發生爭論。[61]而且，假如真正的人民「象徵性正確」的代表只有一個，如同我們已經看到的，民粹主義者總是會回頭強調這一點，那麼進行辯論便沒有太多的意義。

基爾特．威爾德斯的自由黨（*Partij voor de Vrijheid*, PVV）是一個極端的例子，一人政黨不只是一個比喻而已，因為威爾德斯控制每一件事和每一個人。一開始，威爾德斯和他的智囊首腦馬丁．伯斯瑪（Martin Bosma）甚至不想建立政黨，只想要一個基金會，但在法律上不可行，然而今日自由黨的運作是一個只有兩名成員的政黨：威爾德斯自己和一個基金會，亦即威爾德斯集團基金會（*Stichting Groep Wilders*），同樣地，也只有（有人可能已經猜到）威爾德斯一個成員。[62]自由黨在國會的成員都只是代表而已（關於要如何展現他們自己，以及如何從事立法工作，須於每個星期六接受威爾德斯的各種指導）。[63]格里羅也有類似的情形，他不只是他所假扮的「擴音機」，他還對「他的」國會代表行使中央管控，並且從運動中驅逐那些膽敢跟他有不同意見的人。[64]

現今，在實務中，民粹主義者在許多地方都已經妥協，他們進行結盟，並調整了他們是人民獨特代表的絕對主張。但是因此就下結論說，畢竟，他們還是和其他政黨一樣，這是錯誤的。他們想要成為一種「陣線」（像是「國家陣線」）、一場運動，或真的就是一個基金會，是有原因的。[65]一個政黨只是（人民的）一部分，但是民粹主義者更進一步，提出的主張是代表全體，沒有其餘的人。

在實務中同樣很清楚的是，即使在相同政黨內部，人民的「正確的象徵性代表」的內容可以隨著時間改變。想一下國家陣線，在創辦人尚－馬里・勒龐（Jean-Marie Le Pen）的領導下，一開始政黨是極端右派分子，還有君主主義者，以及特別是那些沒辦法接受法國在一九六〇年代失去阿爾及利亞的人之集結地點。到了最近，勒龐的女兒瑪琳拋棄他父親的「歷史修正主義」（historical revisionism，他臭名昭彰地稱毒氣室為「歷史細節」），並且嘗試把她的政黨展現為法蘭西共和國價值的最後捍衛者，以對抗伊斯蘭教和由德國獨裁掌控的歐元經濟體。每年五月的第二個星期天，國家陣線會在巴黎第一區聖女貞德的雕像前舉行一場集會，象徵性地再度將自己奉獻給法國獨立，以及正統的法國人民主權的意涵。時代已經改變，藉著具體指出共和國（*la Republique*）的主要敵人，來召喚「真正的人民」的方式也改變了。

如果民粹主義者核心的象徵性言論實際上是空洞的，就更容易做出這種轉變。「讓美國再度偉大」究竟是什麼意思，除了人民曾經被菁英背叛，只要任何反對川普的人就是反對「美國的偉大」？喬治·華萊士的「為美國站起來」（他成功的口號「為阿拉巴馬站起來」的全國版本）指的是什麼，除了美國曾經被犧牲，難道任何批評華萊士的人就不會挺身防衛美國？

再一次：每個人不都是民粹主義者嗎，然後呢？

如同我們所看見的，民粹主義明顯是以道德方式來想像政治世界，而且一定會牽涉到排他性的道德代表主張。當然，並不是只有民粹主義者會談論道德，所有的政治語言都充滿著道德主張，實際上所有的政治行動者都會發表學者邁克·薩瓦德（Michael Saward）所稱的「代表性的主張」[66]。同時，很少政治行動者會四處宣揚：「我們只不過是一個派系；我們只代表特殊利益。」更少有人會承認，他們的對手可能和他們一樣都是正確的；政治競爭的邏輯和差異讓這些情形變得不可能。民主政治人物和民粹主義者的區別是，民主政治人物是以假設的方式做出代表主張，這個假設可以根據定期的程序和制度產生的實際結果，例如選舉，在實證經驗上得到證實與反駁。[67]或者如同政治學者寶琳娜·奧喬亞·埃斯佩霍（Paulina Ochoa Espejo）所認為的，民主人士有關人民的主張，是自我設限、並被認為是容易出錯的人民。[68]從某種意義上來看，他們必須同意愛爾蘭作家貝克特（Samuel Beckett）在《最糟糕，嗯》（*Worstward Ho*）書中的名句：「嘗試過，失敗過，沒關係，屢敗屢戰，每次失敗都比上次更進步。」

相反地，民粹主義者無論如何都會堅持他們的代表性主張，因為他們的主張並不是實證經驗上的，而是具有道德和象徵性的性質，無法被反駁。當民粹主義者處於反對派地位時，他們一定會對產出「道德上錯誤」結果的制度抱持懷疑，因此他們就可以正確地被描述為「制度的敵人」，儘管不是普遍的制度。他們只是代議機制的敵人，因為這個機制無法維護他們獨家道德代表的主張。

非民粹政治人物不會在激動人心的演講中說，他們只是為了某一個派系（雖然有些人會，至少在歐洲是如此，黨名通常象徵該政黨只為了代表某個特定的委託族群，例如小農或是基督徒）。普通的民主政治人物也不必然支持一個高尚的道德，有了它，我們就能超越所有的政黨差異，參與一個共同計畫，來完善政治社群的基本政治價值。[69]但是大多數的人**都會**同意，代表性是暫時而不可靠的，相反意見也是合法的，社會全部的人不可能都被代表；另外，除了民主程序與形式之外，一個政黨或政治人物不可能永遠代表正統的人民。也就是說，他們含蓄地接受了哈伯瑪斯清楚陳述的基本主張：「人民」只會以複數的形式出現。[70]

總結來說，民粹主義不是一個特定的心理狀態、特別的階級，或簡單的政策，也不只是一個和風格有關的問題。是的，喬治．華萊士穿著便宜的西裝，告訴美國人「他每一樣東西都要沾上番茄醬」，確實提出了一個論點。是的，有些民粹主義者測試了一個人在辯論時能夠多粗魯的極限（或是辯論會主持人的極限）。但是正如某些社會科學家所認為的，我們不可以根據民粹主義者的「惡劣態度」，而簡單確實地辨識出他們。[71]民粹主義不只是訴諸於「人民」的任何動員策略，[72]它還運用了一種非常特定的語言。民粹主義者不只批評菁英，並也主張，他們（而且只有他們）代表真正的人民。一個人是否使用那個語言，並不是主觀印象的問題。凱斯·霍金斯（Keith Hawkins）等學者已經系統性地辨識出民粹主義者的語言元素，甚至將它在不同國家的出現頻率予以量化。[73]因此一個人也能夠有意義地談到民粹主義的程度。重點是民粹主義者的修辭可以被固定下來。下一個問題是當民粹主義者將想法付諸實踐時，將發生什麼事。

1 Ghita Ionescu and Ernest Gellner, "Introduction," in Ghita Ionescu and Ernest Gellner（eds.）, *Populism: Its Meaning and National Character*（London: Weidenfeld & Nicolson, 1969）, 1–5; here 1.

2 負責任或有回應的政府的困境之系統性論述參見Peter Mair, *Ruling the Void: The Hollowing of Western Democracy*（New York: Verso, 2013）.

3 Cas Mudde and Cristóbal Rovira Kaltwasser（eds.）, *Populism in Europe and the Americas: Threat or Corrective for Democracy?*（New York: Cambridge University Press, 2013）.

4 Benjamin Arditi, "Populism as an Internal Periphery of Democratic Politics," in Francisco Panizza（ed.）, *Populism and the Mirror of Democracy*（London: Verso, 2005）, 72–98.

5 的確，近年來某種打著自由價值的民粹主義，在一些歐洲國家已經很盛行，像是荷蘭的皮姆．富圖恩（Pim Fortuyn）和基爾特．威爾德斯，但這仍然是使用「自由」和「寬容」做為道德差異的標誌，將適當的人民與不屬於適當人民的人區分開來，這並不是自由主義。

6 這不是說所有的概念都有相關，民主也是一個高度爭議的概念，但是這不是放棄研究民主理論的理由。

7 技術上來說，我正嘗試依馬克斯．韋伯（Max Weber）的理念，架構一個理想的典型，這麼做的目的，一部分是為了理解民粹和民主之間的重要差異。這裡存在的一個明顯危險是循環論證：有人建立了民粹主義的特徵，但被另一個人的定義認為是政治上、道德上，或甚至是美學觀點上令人不悅的，只是為了指出民粹和民主是不同的。假如一個人可以假裝民主本身不是一個爭議性的概念，而是具有一個大家都必須同意的意義的話，那麼這個運作會變得容易許多。用不同的方式來說，為了得到一個輪廓非常清晰的規範性想像，只用高度具有政黨立場的方式來描繪差異，是很危險的。這與研究民粹主義的比較政治學者的擔憂不同，他們主要的焦慮是概念性的延伸。參見Giovanni Sartori, "Concept Misformation in Comparative Politics," in *American Political Science Review*, vol. 64（1970）, 1033–53.

8 我分享一個可以稱為「理論理論」（theory theory）的擔憂，這是一種主要為了回應其他理論的政治理論，而不是處理當代歷史的複雜性，而且通常完全不透明。但我並不認為，這樣的擔憂用戲劇性的召喚「現實主義」，可以做出最適切的表達，這樣只會產生更多的理論理論，只不過這次是關於具體化的「現實主義」。與其辯論「要做什麼？」是否是個合理的問題，理論家應當有所作為。

9 Ralf Dahrendorf, "Acht Anmerkungen zum Populismus," in *Transit: Europäische Revue*, no. 25（2003）, 156–63.

10 新自由主義政策的內容和民粹主義，在主張的邏輯上可以完美結合，這是另一個議題，參見Kurt Weyland, "Neopopulism and Neoliberalism in Latin America: 107 Notes to Pages 13–16 Unexpected Affinities," in *Studies in Comparative International Development*, vol. 31（1996）, 3–31; and Cristóbal Rovira Kaltwasser, "From Right Populism in the 1990s to Left Populism in the 2000s—And Back Again?," in Juan Pablo Luna and Cristóbal Rovira Kaltwasser（eds.）, *The Resilience of the Latin American Right*（Baltimore: Johns Hopkins University Press, 2014）, 143–66.

11 任何負責任的馬克斯·韋伯讀者肯定會立即發問的問題。

12 Karin Priester, *Rechter und linker Populismus: Annäherung an ein Chamäleon*（Frankfurt am Main: Campus, 2012）, 17.

13 這個「性別差異」的議題，參見Cas Mudde and Cristóbal Rovira Kaltwasser, "Populism," in Michael Freeden et al.（eds.）, *The Oxford Handbook of Political Ideologies*（New York: Oxford University Press, 2013）, S. 493–512.

14 Vanessa Williamson, Theda Skocpol, and John Coggin, "The Tea Party and

the Remaking of Republican Conservatism," in *Perspectives on Politics*, vol. 9（2011）, 25–43; here 33.

15 Mark Elchardus and Bram Spruyt, "Populism, Persistent Republicanism and Declinism: An Empirical Analysis of Populism as a Thin Ideology," in *Government and Opposition*, vol. 51（2016）, 111–33.

16 Roy Kemmers, Jeroen van der Waal, and Stef Aupers, "Becoming Politically Discontented: Anti-Establishment Careers of Dutch Nonvoters and PVV Voters," in *Current Sociology*, http://csi.sagepub.com/content/early/2015/11/15/0011392115609651.full.pdf+html.

17 值得一提的是，一個人不能同時感到怨恨又憤怒：憤怒會立刻表現出來；但怨恨會隨著渴望復仇的增加而感到痛苦。

18 Max Scheler, *Ressentiment*, ed. Lewis A. Coser, trans. William W. Holdheim（New York: Free Press, 1961）.

19 Bert N. Bakker, Matthijs Rooduijn, and Gijs Schumacher, "The Psychological Roots of Populist Voting: Evidence from the United States, the Netherlands and Germany," in *European Journal of Political Research*, vol. 55（2016）, 302–20. 這個研究的作者毫不慚愧地下了結論：「像瑪琳·勒龐、基爾特·威爾德斯、莎拉·裴琳（Sarah Palin）和奈傑爾·法拉奇等民粹主義者精於動員擁有低度友善人格的選民，這跨越了政治脈絡將他們統一起來，在政治脈絡當中將他們與現存的政黨分隔開來，以及構成他們可能出乎意料的成功基礎之原因。」（317）。

20 關於感情如何具有「認知的前置因素」之描述參見Jon Elster, *Alchemies of the Mind: Rationality and the Emotions*（Cambridge: Cambridge University Press, 1999）.

21 然而，這並沒有辦法推斷，今天每一個被批評為「民粹主義者」的人，在規範性的意義上，就真的如馬可·德·埃拉莫（Marco D'Eramo）

所認為的，就是激進的民主黨員，可參見他的 "Populism and the New Oligarchy," in New Left Review, no. 82（July–August 2013）, 5–28.

22 Seymour M. Lipset, *Political Man: The Social Bases of Politics*（Garden City, NY: Doubleday, 1963）, 178.

23 Victor C. Ferkiss, "Populist Influences on American Fascism," in *The Western Political Quarterly*, vol. 10（1957）, 350–73; here 352.

24 茶黨的例子即為企圖跨越仇恨這個簡單的推斷，參見 Lisa Disch, "The Tea Party: A 'White Citizenship Movement?,' " in Lawrence Rosenthal and Christine Trost（eds.）, *Steep: The Precipitous Rise of the Tea Party*（Berkeley: University of California Press, 2012）, 133–51.

25 Helmut Dubiel, "Das Gespenst des Populismus," in Helmut Dubiel（ed.）, *Populismus und Aufklärung*（Frankfurt am Main: Suhrkamp. 1986）, 33–50; here 35.

26 稍後我會指出，民粹主義者並不是反對代議制，因此我不同意「民粹民主制度」對抗「代議民主制度」的分析；範例參見下列作者的精采文章，Koen Abts and Stefan Rummens, "Populism versus Democracy," in *Political Studies*, vol. 55（2007）, 405–24.

27 有一些實證的證據顯示，民粹政黨的選民也毫無疑問信奉不包容和反多元主義者觀點，參見Agnes Akkerman, Cas Mudde, and Andrej Zaslove, "How Populist Are the People? Measuring Populist Attitudes in Voters," in *Comparative Political Studies*（2013）, 1–30.

28 Claude Lefort, *Democracy and Political Theory*, trans. David Macey（Cambridge, UK: Polity, 1988）, 79.

29 Nancy L. Rosenblum, *On the Side of the Angels: An Appreciation of Parties and Partisanship*（Princeton, NJ: Princeton University Press, 2008）.

30 也可參見C. Vann Woodward, "The Populist Heritage and the Intellectual," in

The American Scholar, vol. 29（1959–60）, 55–72.

31 Andrew Arato, "Political Theology and Populism," in *Social Research*, vol. 80（2013）, 143–72.

32 "The Inaugural Address of Governor George C. Wallace, January 14, 1963, Montgomery, Alabama," available at http://digital.archives.alabama.gov/cdm/ref/collection/voices/id/2952, accessed April 28, 2016.

33 華萊士在以下的言論清楚地將真正的美國與「南部」畫上等號：「聽我說，南方人！搬到這個國家的北部和西部的兒女們……我們在家鄉號召你們，請給我們全國性的支持和選票……我們知道……無論你們在哪裡……即使遠離南方的中心……雖然你們可能居住在這個幅員廣闊的國家的最遠之處，你們將會回應……你們的心從來沒有離開過南部各州。」出處同上。

34 出處同上。

35 這段引述要感謝戴蒙．林克爾（Damon Linker），參見"CBS Weekend News," *Internet Archive*, May 7, 2016, https://archive.org/ details/KPIX_20160508_003000_CBS_Weekend_News#start/540/end/600.

36 Margaret Canovan, *The People*（Cambridge, UK: Polity, 2005）.

37 生產者主義不單是經濟層面，是一種穩定生產物價的道德概念，主要的例子可以參考喬治．索雷爾（Georges Sorel）的政治思想。

38 Michael Kazin, *The Populist Persuasion: An American History*（Ithaca, NY: Cornell University Press, 1998）.

39 我們有完整的學術文獻探討「出生於本國的公民（Natural-born citizen）」的意義，例子參見Paul Clement and Neal Katyal,"On the Meaning of 'Natural Born Citizen,' " in Harvard *Law Review*, March 11, 2016, http://harvardlawreview.org/2015/03/ on-the-meaning-of-natural-born-citizen.

40 這段內容要感謝伊凡．克勒斯特夫（Ivan Krastev）和若爾特．埃涅迪

（Zsolt Enyedi）。

41 此時，民粹主義者突然聽起來像是民主制度知識概念的捍衛者。

42 Cas Mudde and Cristóbal Rovira Kaltwasser, "Populism," in Michael Freeden et al.（eds.）, *The Oxford Handbook of Political Ideologies*（New York: Oxford University Press, 2013）, 493–512.

43 皮埃爾・羅桑瓦隆（Pierre Rosanvallon）認為民粹主義涉及三個簡化：第一、類似同質性人民對抗腐敗菁英，是政治社會學的簡化；第二，針對中介權力的混亂世界，是過程與制度的簡化；第三，社會連結的簡化，將其歸納為同質性認同的問題。參見Pierre Rosanvallon, "Penser le populisme," in *La Vie des idées*, September 27, 2011, available at http://www.laviedesidees.fr/Penser-le-populisme.html, accessed February 18, 2016.

44 引自 Zsolt Enyedi, "Plebeians, *Citoyens* and Aristocrats, or Where Is the Bottom of the Bottom-up? The Case of Hungary," in Hanspeter Kriesi and Takis S. Pappas（eds.）, *European Populism in the Shadow of the Great Recession*（Colchester, UK: ECPR Press, 2015）, 235–50; here 239–40.

45 如同吉兒・勒波（Jill Lepore）指出的，這個詞彙曾經是對死者的委婉說法，直到尼克森用來指可能支持越戰的大多數。Jill Lepore, *The Whites of Their Eyes: The Tea Party's Revolution and the Battle over American History*（Princeton, NJ: Princeton University Press, 2010）, 4–5.

46 例如，Giovanni Gentile, "The Philosophic Basis of Fascism," in *Foreign Affairs*, vol. 6（1927–28）, 290–304.

47 Hans Kelsen, *Vom Wesen und Wert der Demokratie*（1929; repr., Aalen: Scientia, 1981）, 22. 凱爾森（Kelsen）也下結論說，現代民主體制無可避免地必須是政黨民主體制。

48 民粹主義者主張的人民的象徵性意象不完全是新創的，例如中世紀的理論家巴爾杜斯（Baldus）有類似國王的兩個身體的理論，一方面是有實證的、不斷改變的一群人所組成的人民，另一方面則是稱為奧體的（*corpus mysticum*）永恆的民眾，參見See Ernst H. Kantorowicz, *The King's Two Bodies: A Study in Medieval Political Theology*（1957; repr., Princeton, NJ: Princeton University Press, 1997）, 209. 奧體具有法人的特性，代表一個虛構或是法（集體的）人；因此被當做*corpus fictum*、*corpus imaginatum*和*corpus repraesentatum*的同義詞。不過，將政治的國王身體與天然的國王身體做區分，永遠有其可能性，因此人民的整體（巴爾杜斯稱之為*hominum collection in unum corpus mysticum*），以及透過制度代表和中介的人民，就能夠被分開出來。由於這個論點並非自相矛盾，因此，對查理一世（Charles I）的反對者來說，是「對抗國王來保護國王」，民粹主義者則宣稱是藉由民主地對抗選舉出來的菁英，來保護真正的人民以及民主體制。當查維茲的追隨者解釋說：「跟我們查維茲支持者說，查維茲已死，就像是告訴基督徒，基督已死」，國王的兩個身體顯得健康又有活力。參見Carl Moses, "Bildersturm in Caracas," in *Frankfurter Allgemeine Zeitung*, January 8, 2016, http://www.faz.net/aktuell/politik/ausland/amerika/venezuela-bildersturm-in-caracas-14004250-p2.html?printPagedArticle=true#pageIndex_2, accessed January 15, 2016.

49 Pierre Rosanvallon, "Revolutionary Democracy," in Pierre Rosanvallon, Democracy Past and Future, ed. Samuel Moyn（New York: Columbia University Press, 2006）, 79–97; here 79–82. 約翰．昆西．亞當斯（John Quincy Adams）曾經觀察到：「民主沒有紀念碑，不會鑄造勛章，不會在硬幣上鑄上人像，它真正的本質是反對偶像崇拜。」引述自Jason Frank, "The Living Image of the People," in *Theory & Event*, vol. 18, no. 1（2015）, at https://muse.jhu.edu/article/566086. 實際上，在前民主時期曾有民主的雕像，通常是穿著簡樸的衣服，手裡握著蛇（象徵人民被侷限在地上，而且通常被人們認為可能是有毒的。）參見Uwe Fleckner

et al.（eds.）, *Politische Ikonographie: Ein Handbuch*（Munich: C. H. Beck, 2011）.

50 例子參見the SVP's "contract," available at http://www.svp.ch/de/assets/File/positionen/vertrag/Vertrag.pdf, accessed February 13, 2015.

51 Christopher H. Achen and Larry M. Bartels, *Democracy for Realists: Why Elections Do Not Produce Responsive Government*（Princeton, NJ: Princeton University Press, 2016）.

52 引自Paula Diehl, "The Populist Twist," 作者存檔手稿。

53 Kathleen Bruhn, " 'To Hell with Your Corrupt Institutions!': AMLO and Populism in Mexico," in Cas Mudde and Cristóbal Rovira Kaltwasser（eds.）, *Populism in Europe and the Americas: Threat or Corrective for Democracy?*（New York: Cambridge University Press, 2012）, 88–112.

54 Mark Meckler and Jenny Beth Martin, *Tea Party Patriots: The Second American Revolution*（New York: Holt, 2012）, 14.

55 Bernard Manin, *The Principles of Representative Government*（New York: Cambridge University Press, 1997）.

56 出處同前。

57 出處同前。「身分認同」實際上是像是全國社會主義（National Socialism）運動的承諾，被卡爾．施密特合法地運作，強調*Artgleichheit*的重要角色，也就是領袖（Führer）和人民之間的種族同質性或是身分認同。參見Carl Schmitt, *Staat, Bewegung, Volk: Die Dreigliederung der politischen Einheit*（Hamburg: Hanseatische Verlagsgesellschaft, 1935）.

58 Nadia Urbinati, "A Revolt against Intermediary Bodies," in *Constellations*, vol. 22（2015）, 477–86; and Nadia Urbinati, "Zwischen allgemeiner Anerkennung und Misstrauen," in *Transit: Europaische Revue*, no. 44（2013）.

59 引自 Diehl, "Populist Twist."

60 Beppe Grillo, Gianroberto Casaleggio, and Dario Fo, *5 Sterne: Über Demokratie, Italien und die Zukunft Europas*, trans. Christine Ammann, Antje Peter, and Walter Kögler（Stuttgart: Klett-Cotta, 2013）, 107.

61 Jonathan White and Lea Ypi, "On Partisan Political Justification," in *American Political Science Review*, vol. 105（2011）, 381–96.

62 Paul Lucardie and Gerrit Voerman, "Geert Wilders and the Party for Freedom in the Netherlands: A Political Entrepreneur in the Polder," in Karsten Grabow and Florian Hartleb（eds.）, *Exposing the Demagogues: Right-Wing and National Populist Parties in Europe*, 187–203, http://www.kas.de/wf/doc/kas_35420-544-2-30.pdf?140519123322, accessed January 15, 2016. 不可否認的，威爾德斯的完全控制有務實的理由：他已經看到皮姆．富圖恩在二〇〇二年五月被謀殺後，他的政黨是如何的瓦解。參見Sarah L. de Lange and David Art, "Fortuyn versus Wilders: An Agency-Based Approach to Radical Right Party Building," in *West European Politics*, vol. 34（2011）, 1229–49.

63 De Lange and Art, "Fortuyn versus Wilders," 1229–49.

64 Diehl, "Populist Twist."

65 事實上，北方聯盟（Lega Nord）的組織像幫派，而國家陣線是被一個家族所領導（尚一馬里．勒龐〔Jean-Marie Le Pen〕由他女兒瑪琳繼承；瑪琳現在轉而栽培她的姪女瑪麗安，目前，勒龐家族有六個成員為政黨候選人）。參見Ulrike Guérot, "Marine Le Pen und die Metmorphose der französischen Republik," in *Leviathan*, vol. 43（2015）, 139–74.

66 Michael Saward, "The Representative Claim," in *Contemporary Political Theory*, vol. 5（2006）, 297–31

67 出處同前，298.

68 Paulina Ochoa-Espejo, "Power to Whom? The People between Procedure and Populism," in Carlos de la Torre（ed.）, *The Promise and Perils of Populism:*

Global Perspectives（Lexington: University Press of Kentucky, 2015）, 59–90.

69 Rosenblum, *On the Side of the Angels.*

70 Jürgen Habermas, *Faktizität und Geltung: Beiträge zur Diskustheorie des Rechts und des demokratischen Rechtsstaats*（Frankfurt am Main: Suhrkamp, 1994）, 607.

71 Benjamin Moffitt and Simon Tormey, "Rethinking Populism: Politics, Mediatisation and Political Style," in *Political Studies*, vol. 62（2014）, 381–97.

72 Robert S. Jansen, "Populist Mobilization: A New Theoretical Approach to Populism," in *Sociological Theory*, vol. 29（2011）, 75–96.

73 參見 Keith Hawkins, "Is Chávez Populist? Measuring Populist Discourse in Comparative Perspective," in *Comparative Political Studies*, vol. 42（2009）, 1040–67; and more broadly the work of "Team Populism," available at https://populism.byu.edu/Pages/Home.aspx, accessed April 22, 2016.

CHAPTER 2

民粹主義者或掌權中的民粹主義做些什麼

¶

也許有人現在會很想下結論，認為民粹主義者活在一種政治幻想中：他想像出一個處在腐敗菁英以及道德高尚、同質性、不會做錯事的人民之間的反對派，而且是這些人民的象徵代表，以對抗民粹主義者還沒統治、骯髒的政治現實——這樣的幻想不會注定幻滅嗎？

傳統觀點認為，民粹政黨主要是抗議型態政黨，抗議就無法執政，因為一個人無法抗議他自己（另外，政治行動者一旦成為掌權的菁英，就不可能永遠堅持反菁英的立場）[1]。最後還有一個想法，民粹主義者掌權時，不知為什麼就會失去他們的光環，也會在每天的議會例行活動中耗盡魅力而「清醒」過來，而回到更早的民粹主義定義（在我看來是有瑕疵的），有人也許會認為，民粹主義者的簡單處方很快就會被發現根本行不通。畢竟，反政治無法形成真正的政治。

掌權的民粹主義者無論如何注定會失敗，這個概念令人感到安慰。但這也是一種錯覺。其中一個原因是，雖然民粹政黨的確反菁英，但不表示，執政的民粹主義會變得自相矛盾。畢竟，所有執政的民粹主義者的失敗，還是可以歸咎於在幕後運作的菁英，不管是在美國國內或國外（在這裡我們再一次看到，民粹主義與陰謀論之間不是那麼偶然的關聯）。很多民粹主義的勝利者繼續表現得像受害者；優勢的多數表現得就像受虐的少數。查維茲會永遠指向反對派的陰謀詭計，試圖破壞他「二十一世紀的社會主義」大業。而這些反對派指的是正式下台的「寡頭政治」。（當這種說法不太說得過去時，他永遠可以堅持，美國應該為玻利瓦爾革命

〔Bolivarian Revolution〕的失敗負責。）雷傑普・塔依普・艾爾多安也一樣，即使把政治、經濟、文化權力集中在他手上多年後，也表現得像是一個意志堅強的弱勢者；他永遠會是來自伊斯坦堡艱困的卡西姆帕夏社區的街頭鬥士，勇敢對抗土耳其共和國古老的凱末爾主義者（Kemalist）#建制派。

為了某種無非是想像出來的決定性對峙，執政的民粹主義者會不斷分化並要人民在心理上作好準備。他們會把政治衝突盡可能地道德化（查維茲在世界舞台的聯合國會議上宣稱，小布希〔George W. Bush〕根本就和惡魔本身沒兩樣）。敵人永遠不會死，而且敵人永遠將與整個民族為敵。查維茲在二〇〇二年一場由反對派發動的全面罷工中宣稱，「這不是支持或反對查維茲……而是……愛國人士群起反抗國家的敵人。」[2]「危機」並不是一個客觀的事件狀態，而是一種解讀的問題。民粹主義者通常急於架構出一種如同危機的情勢，並把它稱為一種存在的威脅，因為這樣的

譯注：基本上是希望建立一個現代、民主及世俗的政教分離國家。

危機就能為民粹主義者的合法統治所用。換個方式說，一場「危機」可以是一場表演，而在政治上可以呈現出一種不斷被圍困的狀態。[3]像查維茲與厄瓜多的拉斐爾．柯利亞這些人物明白，統治就是一種永遠的運動（campaign），可以確定的是，也可以在很多非民粹主義政治人物身上看到這種態度。但是柯利亞走得更遠，他把他的總統身分想像成是一個永遠的「發動者」（motivator）[4]。

民粹主義者把這種不斷製造出來的壓力，和一種「接近人民」的美感產物結合起來。維克多．奧爾班每週五都會接受匈牙利的電台採訪；查維茲還主持了知名的《總統，你好》（*Aló Presidente*）節目，一般人都可以打電話進來，告訴國家領導人自己的煩惱和憂愁，總統有時候會告訴在場政府官員一些看似未經過安排的指示。（查維茲有一次在播放現場告訴他的國防部長，把十個坦克營調到哥倫比亞邊界。）福利措施三不五時就會在滾動的攝影機前宣布；這個節目有時候還會持續播出長達六個小時。今日，柯利亞和玻利維亞總統埃沃·莫拉萊斯（Evo Morales）也有類似的電視節目。[5]

你可以把這類做法當成某種新奇的政治民俗，或事實上就類似於在當代所謂的「媒體民主」（media democracy）或「觀眾民主」（audience democracy，公民主要透過觀看掌權者來參與政治活動），已經變成所有政治人物必須強制涉入的公共關係。[6]然而，民粹主義者運用著非常特殊的統治技巧，也是真的，而且，參考民粹主義的核心邏輯，這些技巧可以在道德上被合理化。民粹主義者總是會回到一個論述，他們是人民唯一道德上的合法代表；另外，只有某些人實際上才是真正的、正統的人民，這些人值得支持，以及最後得到良好的政府。這個邏輯可以表現在三種不同的方式：某種國家殖民的形式、大眾侍從主義和政治學家有時候提到的「歧視性法律」，以及最後的系統性打壓公民社會。並不是只有民粹主義者會做這些事，差異之處在於，他們可以公開地這樣做。他們宣稱，他們的行為有道德上的合理性，而且在國際舞台上，他們至少都有機會能維持民主人士的名聲。揭露這些做法，不像一般人可能以為的，會對他們造成什麼傷害，因為他們只會堅持，他們只是在實施民主的一個適當概念。讓我更詳細說明這些似乎有違常理的主張細節。

民粹主義的三種治理技巧及其道德理由

首先，民粹主義者傾向殖民或「占領」國家。想想匈牙利與波蘭就是近在眼前的例子。維克多・奧爾班與他的政黨青民盟所尋求的第一波基本改革就是改變「公職服務法」，以便在應該一直是中立的行政體系職務上，安插這個黨的忠誠分子。青民盟與雅洛斯拉夫・卡欽斯基的法律正義黨也是立刻就違背了法院的獨立地位。他們修改了現有的法院程序，連法官也是被指派的。在波蘭，要重新改造整個制度，目前為止是很困難的事，對執政黨來說，癱瘓司法機構是可以接受的次佳結果。媒體機構也馬上被擄獲，這件事出現的清楚信號就是，記者不應該報導會違背國家利益的事（當然就是等同於執政黨的利益）。卡欽斯基長久以來一直相信，有一個想要破壞他的政黨的模糊「網絡」，所以對他來說，控制祕密情報服務也是非常關鍵的事。任何批評這些措施的人，就會被中傷為既有菁英（身為人民適當代表的民粹主義者已經設法取代掉了）在努力競爭，或是徹頭徹尾的叛徒（卡欽斯基的說法是「最糟糕的波蘭人」，這些人身上應該有「叛逆基因」）。最後的結果就是，政黨以自己的政治喜好與政治意向來打造國家。

這種鞏固甚至延續權力的方式，當然不是民粹主義者專屬的策略。但民粹主義者的特別之處在於，他們可以公開進行這種殖民行為，並得到其核心主張的支持，也就是他們是人民的道德代表。民粹主義者可以理直氣壯地反問，人民為什麼不能透過唯一的合法代表取得國家？為什麼這些以公職服務中立的名義卻阻礙著真正人民的人，難道不應該被整頓？國家理所當然屬於人民；國家不應該像異己機構般對抗人民；相反的，人民應該妥善地取得國家。

第二，民粹主義者傾向從事大眾侍從主義：菁英為了取得大眾的政治支持，而從事的物質或非物質利益的交換。同樣地，這樣的行為不是民粹主義者的專屬，為了投票所能動員起來，很多政黨也會獎勵他們的客戶，但很少人會做到像奧地利的主要民粹主義領導人約爾格·海德那樣，直接在克恩頓州的街頭，給「他的人民」發放歐元百元鈔。有些觀察家認為，從務實的角度來看，大眾侍從主義和民主的早期形式，或多或少是同一種東西，因為侍從主義建立了某些有意義的政治互惠行為，也允許了少量的問責存在。[7]再一次強調，民粹主義者不同的地方在於，他們可以公開做這些事，而且還有公共道德理由，因為對他們來說，只有**某些人**才是真正的人民，因此值得受到理所當然是他們國家的支持。

同樣地，只有某些人應該得到法律的充分保護；那些不屬於人民，或在這件事上，那些被懷疑積極從事反人民工作的人，都應該被嚴厲對待。（這就是「歧視性法律待遇」〔discriminatory legalism〕，此觀點即為「只要是朋友，一切好談；只要是敵人，法律伺候。」）[8]

有些民粹主義者在這方面很幸運，有免費資源可以進行大眾侍從主義活動，甚至能有效建立整個支持他們政權的階級。查維茲基本上就是從石油利益中獲益。[9]特別是對中歐與東歐的政權來說，從歐盟（European Union）得到的資金，就相當於某些阿拉伯威權國家的石油：政府可以在策略上運用補貼政策，以收買支持，或至少讓公民安靜下來。更重要的是，他們可以構成社會階層，這個階層符合他們對理想人民的形象，並效忠於這個政權。查維茲建立了玻利維亞資產階級（Boliburguesía），作為「玻利瓦爾革命」的結果，而執行得確實也非常好。艾爾多安繼續享受安那托利亞地區中產階級毫不動搖的支持，這個階級是在他的正義與發展黨（Justice and Development, AK）統治下，隨著經濟發展而出現的階級。（這個中產階級也體現了理想而虔誠的穆斯林土耳其人形象，和西化的世俗菁英不同，也和庫德族等少數民族不同。）匈牙利的青民盟也建立了一個結合經濟成功與家庭價值（有小孩將帶來許多利益）的新團體，而且非常虔敬地奉獻自己以融入整體，這也符合了奧爾班對「基督教國家」文化的願景。[10]

再一次，我必須指出，國家殖民、大眾侍從主義與歧視性法律待遇，也可以在很多歷史情節中找到，但是在民粹主義政權中，他們都是公然為之，而且還帶著一種也許有人會懷疑的明確道德意識。因此這也是一種很新奇的現象，它的啟示是，那些只能稱為腐敗的行為，似乎不如我們預期，就是不會傷害到這些民粹強人的聲望。海德爾的自由黨（Freedom Party）和義大利的北方聯盟（Lega Nord），現在比他們之前長期批評的傳統菁英更腐敗，但這兩個黨派在今日依然興旺（因此北方聯盟現在已經取代了貝魯斯柯尼的黨〔按：指自由人民黨〕，成為義大利主要的右派反對黨）。自封為「國家之人」（Man of the Nation）的艾爾多安，即使貪腐醜聞纏身，依然毫髮無傷。很顯然，民粹強人支持者的認知是，只要這些措施看起來像是為了道德、勤奮的「我們」，而不是為了不道德，或甚至外國的「他們」，貪腐與用人唯親就不是真正的問題。因此，自由主義者以為，為了讓民粹主義者的名譽受損，他們唯一要做的事就是披露他們的貪腐行為，恐怕是不太可能實現的希望。他們也必須表明，對大多數人來說，民粹主義者的貪腐行為沒有任何好處，而且缺乏民主問責機制、失能的文官體系以及法治的式微，長期下來將會傷害人民，也就是他們所有的人。

民粹主義者的治國之道，另外還有一個重要元素必須理解：掌權的民粹主義者對批評他們的非政府組織（NGOs）非常嚴苛（這麼說並不為過）。再一次強調，騷擾或甚至打壓公民社會並不專屬於民粹主義者。但對他們來說，來自公民社會的反對意見會產生一個特別的道德與象徵問題：可能會破壞他們宣稱自己是人民唯一的道德代表這種說法的力道。因此，他們會主張（也許是「證明」）公民社會根本就不是公民社會，以及那個似乎很受歡迎的反對派，也和適當的人民一點也沒有關係。這可以解釋為什麼像俄羅斯的弗拉基米爾．普丁（Vladimir Putin）、匈牙利的維克多．奧爾班以及波蘭的法律正義黨等執政者，要想盡辦法破壞非政府組織的名聲，把他們說成是受到外國勢力的控制（並宣稱他們是「外國勢力的代理人」）。從某個意義來看，針對這些反對民粹領導人所建構的人民的異議人士，民粹領袖藉由讓他們消音或抹黑他們（有時候還會提供他們各種離開國家的誘因，因此就能把他們和人民分開），而試著形成統一（且被動）的人民，然後就能以如此的名義說真的有這樣的人民存在。[11] 換句話說，一個法律正義黨政府或青民盟政府，不只會建立一個法律正義黨國家或青民盟國家；它還會想要成立一種法律正義黨人民與青民盟人民（途徑通常是建立某種代理人、親政府的公民社會）。民粹主義者建立的是同質性的人民，並一直以此名義說話。

這最後形成了一個極大的諷刺：對於他們想取而代之、最反對的統治建制，也就是排除異己與篡奪國家的問題，掌權的民粹主義者卻帶來、強化或提供了另一種變形。[12]「舊有建制」或「腐敗、不道德的菁英」一直在做的事，民粹主義者最後也這樣做，只是有人也許會想到，他們做起來沒有任何罪惡感，還帶著一種理所應該的民主理由。

掌權的民粹主義等於「不自由的民主」？

讀到現在，可能會有人對我的觀點感到納悶，為什麼民粹主義者不乾脆改變政權？如果他們真心相信自己說的話——他們是人民的唯一合法代表，為什麼不乾脆一起廢掉選舉？如果所有其他權力競爭者都不合法，為什麼不把他們完全排除在政治遊戲之外？

這個問題的答案一定有一點猜測成分。我們知道很多已經掌權的民粹主義者不斷在測試他們的限制手段：這裡改改選舉法、那裡對不友善的媒體施施壓、對討厭的非政府組織查查稅，但看起來沒有要和民主完全切斷關係。當然，我們並不知道他們的想法與確實的考量。但一個似乎合理的看法是，至少在他們的心目中，開放式威權體制（open authoritarianism）的代價就是太高了。**正式**廢除或至少暫停民主程序，會帶來國際聲譽上很大的損失（或者可能損失國際的物質援助，就像最近的埃及與泰國的例子顯示，即使出現諸如老派的軍事官僚專制，也不必然導致和國際社會完全中斷關係）。

面對從徹底的專制體制拉回一點點的現象，很多觀察家一直很想要把土耳其與匈牙利的政權稱為「不自由的民主」（illiberal democracies）。但這個說法非常容易誤導人，而且事實上也破壞了意圖制衡民粹主義者的嘗試。「不自由的民主」讓卡欽斯基、奧爾班或馬杜洛的政府有了立場宣稱，他們的國家還是民主國家，只是不自由而已。這並不是小小的語意上的問題，外部觀察家應該非常清楚，民粹主義破壞的就是民主本身。基於目前在政治學家與政策分析家之間，普遍存在著「不自由的民主」的判斷，讓我詳細解釋一下，為什麼這樣說是錯的。

不自由的民主這個術語是在一九九〇年代中期的西方政策界流行起來，用來描述有些政權雖然舉辦選舉，但並沒有遵守法治，尤其是違反制衡原則。在一篇很有影響力的文章中，美國記者法里德・扎卡利亞（Fareed Zakaria，按：印度出生、哈佛大學博士與外交政策專家）主張，受到大眾支持的政府經常違反他所謂的「憲政自由主義」（constitutional liberalism）原則。憲政自由主義包括政治權利、公民自由權利以及財產權利。「不自由的民主」這個判斷是一九八九年之後，普遍上哲學與政治宿醉的一個徵兆。在共產主義垮台，世界似乎狂飲著民主之酒的亢奮日子裡，表面上看起來，多數統治與法治一定會一起同步前行。但很快的我們看到，選舉產生了多數，但這個多數卻利用所有可以動用的權力去壓迫少數，並侵犯基本權利。其說法中的明確意含就是，自由主義必須被強化，以阻止某些國家政治競爭者表現出「贏者全拿」的心態，這是一種危害民主的現象。

自由與民主的概念分裂並不完全是新的狀況。「資產階級民主」（bourgeois democracy）的左派與右派評論家，長期以來都有這個現象。非常廣泛地說，馬克思主義者指責道，在資本主義下，於有效保障通常被稱為公民的「個人自治權利」（private autonomy）之時（意即，它保障了人們作為市場參與者的地位，並給國家合約執行者的角色），自由主義只能提供「正式的自由」（formal freedoms），以及一種虛假的政治解放。一九二〇年代，右派的德國政治思想家卡爾．施密特（Carl Schmitt）主張，自由主義是一種過時的意識形態：在十九世紀，它合理化了菁英在議會中的理性政策辯論，但在大眾民主時代，議會只是特殊利益之間骯髒交易的假象。相比之下，真正的民意可以由像墨索里尼（Mussolini）一樣的領導人物來代表。同質性的民眾歡呼變成適當民主的特徵，施密特把這定義為「被統治者與統治者的同一性」（the identity of governed and governing）；未經選舉出來的機構，例如憲法法院，可能被理解為自由主義的守護者，但它們基本上是不民主的。

在一邊是人民的「實體」，一邊是選舉或民意調查的實際結果，施密特也進行了一次重大的概念分裂，如同我在前一章提過的，這就是民粹主義者經常使用的分裂方式。這裡值得完整引用施密特的話，因為他的思想可以解釋，最近很多在像民主的語言幌子下卻轉變成威權主義的例子：

一億個個人的一致意見，既不是人民的意志，也不是輿論。比起透過在過去五十年來已經被建造得太過小心翼翼的統計機制，透過鼓掌歡呼、透過某些理所當然的事、一種明顯而不受挑戰的存在，一樣可以把人民的意志表現得很好，或甚至更好。民主的力量感覺越強大，在意識上就越能肯定民主不只是祕密投票的登記制度。不只在技術上，也在重要的意義上，和直接民主相較起來，議會看起來就像一種經由自由理念所產生的人造機制，但獨裁與凱撒的方法，不只可以產生人民的鼓掌歡呼，也可以成為民主實體與力量的直接表現。[13]

最近，所謂「後一九八九年」的世界自由主義霸權的評論家，其中最知名的就是左派理論家瓊塔·穆芙（Chantal Mouffe），紛紛主張「理性主義者」（rationalist）的自由主義思想已經開始否認民主固有的衝突與不同意見的合法性。同時，各個社會民主政黨已經放棄提供新自由主義的另一個真正選擇；由於他們在「第三條道路」#（Third Way）上趨於一致，因此強化了選民的理解，他們被提供的是「沒有選擇的選舉」（或者，就像穆芙有一次在採訪中說的，只是可口可樂與百事可樂的選擇）。穆芙指出，政黨的這種趨同表現，以及達到共識的強烈欲望——這可以在約翰·羅爾斯（John Rawls，按：美國哲學家）與尤根·哈伯瑪斯的民主理論中發現——已經引起強烈的反自由主義對立運動，最明顯的就是右派的民粹主義。

除了政治理論的辯論之外，雖然不是在美國，至少在歐洲，「自由主義」已經開始代表不受約束的資本主義；大致就像美國，它也已經變成了個人生活方式自由最大化的寫照。金融危機之後，新一波自稱反自由主義人士（antiliberals），使用圍繞在「L字」的含糊意義，為一種民主的不同形式提供充分的理由。強調傳統伊斯蘭教道德性的艾爾多安，開始介紹

編注：又稱為新中間路線（Middle Way），提倡者認為資本主義和社會主義互有不足之處，因而產生能從兩者之間採取折衷的一種政治經濟概念。

自己為「保守的民主人士」。奧爾班則在二〇一四年的一場極具爭議的演講中公布，建立一個「不自由國家」（illiberal state）的計畫。最近，在難民危機期間，匈牙利領導人已經宣布，他直接稱歐洲所謂的「自由布拉布拉的」（liberal blah blah，按：指令人懶得一提的廢話）的時代已經結束，並稱歐洲大陸即將變成他「基督教與民族國家」（Christian and national）的政治願景。[14]這裡的「不自由主義」似乎意味著，反對強者一定贏的不受約束的資本主義，以及反對權利延伸到例如同性戀等少數族群，是一種有關市場與道德的限制。

現在，「不自由的民主」不一定是一個意義矛盾的術語。在整個十九與二十世紀，很多歐洲的基督教民主黨人士會稱自己為「不自由主義者」：事實上，如果有人質疑他們堅定的反自由主義立場，他們還會覺得受到冒犯。但這不意味著，他們不瞭解，在一個運作良好的民主體制中，政治少數的權利有多重要（畢竟，少數在下一次選舉中可能變成多數）；相反地，他們自身清楚地知道，未受到當權者保護的少數是什麼意思，因為在世俗國家策劃的進步文化運動中，天主教徒曾經淪為受害者（想想俾斯麥〔Bismarck〕在十九世紀晚期在德國進行的文化鬥爭〔*Kulturkampf*〕#）。他們也不認為，未經選舉的機構如法院，其實有點不民主；再一次，因為他們自己經歷過，對宗教少數而言，不受限制的人民主權是什麼意思，所以他們也支持制衡的觀念。原因很簡單，他們只是把「自由主義」結合了個人主義、唯物主義，以及通常是無神論。（想想雅各・馬瑞坦〔Jacques Maritain〕的例子，他是頂尖的法國天主教哲學家，也是聯合國人權宣言的共同起草人。他主張，基於特定的天主教理由可以支持民主，但必須反對自由。）對於像這樣的思想家，主張「反自由主義」並不代表缺乏對基本政治權利的尊重，但它確實代表了一種對資本主義的批判，即使基督教民主黨人士並不質疑私有財產的合法性，以及對家庭傳統父權的強調。

譯注：指普魯士王國與羅馬天主教會政治角力時，首相俾斯麥頒發的政教分離政策。

民主可以有非自由（nonliberal）的哲學基礎，就像馬瑞坦的例子。有些傳統社會對墮胎和婚姻權利也有很嚴格的限制。我相信基於很好的理由，應該反對限制婚姻權利，但如果主張這樣的權利限制就是嚴重缺乏民主，就很奇怪了。如果要說的話，有人可能會想談相對不寬容的社會。在這個意義上，也就是不自由，但這和不自由的民主完全不一樣。我們必須區別不自由的社會，和言論、集會自由、媒體多元化與保護少數等主張被攻擊的地方。這些政治權利不只是自由主義（或法治）；而是民主本身的組成部分。舉個例子，即使投票所在選舉日當天沒有被塞滿執政黨的人馬，如果反對黨永遠無法順利處理自己的事，記者被禁止報導政府的失職之處，這樣的投票也可以是不民主的。即使是民主最基本的定義——在民眾意志形成之後，保證權力和平轉移的機制，公民能充分了解政治是非常重要的，否則政府就很難被追究責任。一九八九年之後，很多新的民主政體成立憲法法院，以保護基本政治權利，以及保障政治與社會的多元化，並不是偶然的。這種法院存在的理由在於，最後將會有助於民主的蓬勃發展（而不只是自由主義）。

如果評論家繼續引用「不自由的民主」這個概念，像奧爾班這樣的領導人就會直接說：「非常感謝你！」這種批評正好確立了匈牙利總理想要成為的人：一個自由主義的反對者。於此同時，奧爾班、卡欽斯基，以及所有其他民粹主義領導人也能保住「民主」的形象，對過去四分之一世紀以來所有的失望情緒來說，這仍然是進入國際舞台，被國際社會認可的最重要門票。從這些領導人的角度來看甚至更好，「不自由的民主」這種表達方式確認了一種規範性的分工，也就是民族國家負責民主的部分，而像歐盟這樣的實體就負責自由的部分。那歐盟就可以看起來更像是猖獗資本主義與自由放任道德的代理人（就像在俄羅斯很多反歐盟的恐同性戀者，就發明並推廣「Gayropa」這個字來稱呼歐洲〔Europe〕）。而在同時，民粹主義政府就能夠以多樣性（diversity）或甚至少數權利的名義，表現得就像拒絕自由主義霸權一樣，就像說「我們匈牙利人、波蘭人等等，是歐盟中的少數，我們相信傳統道德，因此不屈服於西方自由主義菁英所推動、必須全部一體適用的自由主義。」波蘭外交部長維托爾德·瓦什奇科夫斯基（Witold Waszczykowski），在二〇一六年一月接受德國小報採訪時，就抱怨「文化與種族的新融合，一個單車客與素食者的世界，他們……對抗每一種宗教的形式」的願景。在這裡，就出現了一個脆弱，甚至受到迫害的少數，正在防衛自己，但事實上，這個部長正代表一個於國會中占多數的政府在發言。

所有的這一切，意味著我們應該停止粗心地引用「不自由的民主」這種說法。民粹主義者破壞了民主本身，而且事實上，他們贏得選舉並沒有為他們的計畫自動帶來民主的合法性（特別是，他們通常沒有提到，讓他們在選戰中贏得權力的重大憲法改革）。他們也許光明正大贏得了最初的選舉，但很快就以所謂的真正的人民的名義（相對來說，他們的對手就自動被視為國家的叛徒），竄改民主的憲政機制。這個人民被認為是一個同質性的整體，而且只能正統地由民粹主義者代表。在卡爾．施密特的說法中，象徵性的實體遠勝過（選票的）數字，因為數字可以由施密特所謂的統計機制探知；而這個理應是真正的國家將會勝過程序，並讓所有反對派失去合法性，或者就像一個法律正義黨國會成員說的：「國家的利益凌駕於法律之上。」

簡而言之，民粹主義扭曲了民主的程序。如果執政黨有足夠的多數，就可以制定新的憲法，合理化「真正的匈牙利人」或「真正的波蘭人」侵占國家的行為，完全不同於共產主義或自由主義菁英搶劫自己國家的人民。當然，這些過去的菁英通常同時代表經濟自由主義、多元而寬容的「開放社會」，以及保護基本權利（包括組成民主體制的權利），也有些幫助。然後奧爾班就能批評這個開放社會說「沒有祖國了，只有一個投資網站。」在波蘭，理應是邪惡「性別意識形態」的德國經濟利益，以及捍衛憲法的公民社會組織，可以同時被合併遭受攻擊。總而言之，反資本主義、文化民族主義（cultural nationalism）與威權政治的關係，因此變得彼此交織而無法切割了。

話說回來，就像一個過度包容的民主概念，無法幫助我們理解目前面對的政治現實，把威權主義概念定義得太廣泛，也會有問題，並產生意想不到的政治後果。在第一種情況下，匈牙利與波蘭政府可以慶幸自己仍然是民主國家；在第二種情況下，非常高壓的政權也會很高興，發現自己和匈牙利與波蘭是同一種類型。在高壓政權中，還是可能有街頭示威、發表批判政府的部落格貼文，或發現新生的政黨。遊戲規則是被操控的，但批評掌權者的民粹主義人士，不是不可能贏得選舉。也許，稱為「有缺陷的民主」（defective democracy）會更貼切。[15] 民主已經受到了傷害，需要大力修復，但要說到專制獨裁（dictatorship）就會有點誤導，也不夠成熟。

很重要的是，歐盟要很清楚，在和應該是「不自由的民主」國家，如匈牙利與波蘭打交道時，自己在做什麼。歐盟大部分的活動已經設定為「保護法治」。歐盟委員會在二〇一四年公布的新措施，就是稱為「法治機制」（rule of law mechanism）。它一開始是尋求和被懷疑違反歐盟條約（Treaty on European Union）第二條規定的價值（「法治」就是其中的價值）的會員國，針對法治建立對話。希望能透過對話，而不是制裁，會員國能修正自己的行為。在很多出版品中，委員會堅定認為，法治和民主互有關聯：沒有其中一個，另一個就無法存在。但是在公開對話中，實際上卻專門強調法治，因此可以說強化了一種意義，歐盟只在乎自由主義，而民族國家則在乎民主。歐盟官員應該強調，他們對民主的關切和保護法治一樣強烈。

另外，觀察匈牙利與波蘭發展的評論家應該面對一個事實，別人對「自由主義」的經驗不只是激烈的市場割喉競爭，也是強大的（西歐）利益可以為所欲為。雖然匈牙利一直野蠻地削減社會福利，但奧爾班自我介紹是一個強大的領導人，已經準備好把公司國有化，並且要用國家來保護一般老百姓對抗國際企業，這種手法一直非常有效。在他最後找到「不自由國家」的意識形態之前，他滔滔不絕講的是「庶民民主」（plebeian democracy）——這是一種政治宣傳說法，但非常能夠引起共鳴，因為這個說法似乎融合了一九八九年之後，政治、經濟與道德自由主義上的經驗。如果所謂的自由主義看起來只對贏家有利，自由主義者就必須重新思考他們的承諾。就像之前匈牙利異議分子塔馬什（G. M. Tamás）在二〇〇九年說的，「我們，就像啤酒上面的泡沫，正在慶祝自由、開放、多元、幻想與快樂，與所有一切的勝利。這樣的說法實在太愚蠢、太輕浮了，我深感慚愧。」

捍衛民主反對民粹的人也必須誠實接受，西歐與北美目前的民主體制，並不是一切都是好的。非常肯定的是，就像德國社會學家沃夫岡·斯翠克（Wolfgang Streeck）最近的說法，這些不只是「偽民主」（façade democracies）而已。不像在匈牙利，它們並沒有一直被想要改造整個政治制度的單一政黨所掌控；但它們面臨一個越來越大的缺陷是，社經弱勢族群並未參與政治程序，因此在政治中並沒有有效代表他們利益的力量。再一次提醒，如果把這個問題簡單等同於有意識地限制構成民主的權利，以及排除反對力量，就是一種錯誤。而我之前已經指出，這兩點就是民粹政權的特徵。不像青民盟與法律正義黨顯然很興旺，這些地方可能會發生有意義的權力變化。不過，雖然權力競爭者間的差異大過於可口可樂與百事可樂，但是穆芙等評論家提出的一個問題，也需要被解答。就像大衛·奧斯特（David Ost）針對二〇一五年法律正義黨贏得勝選的分析已經清楚指出：「……問題不在於人民不忠於民主立場。是的，有很多人對民主並沒有堅定的立場，但他們不堅定是因為，他們覺得包裝在新自由主義裡的民主，並沒有照顧到他們。」今天，要捍衛民主體制的人必須先處理的挑戰，就是揭露「庶民民主」與「不自由國家」的假理由。

民粹憲法：術語上的矛盾？

雖然理解民粹主義的途徑有很大的分歧，但令人意外的是，很多觀察家都同意，無論如何，民粹主義在本質上就是對機制有敵意，最後也反對與憲政主義相關的共同價值，例如限制多數的意志、制衡、保護少數，甚至基本權利[16]。民粹主義者被預期是對程序很不耐煩；甚至被說成是「反對制度本身」，偏好領導人個人與人民之間一種直接、沒有中介的關係。和這種反制度主義有關的指控是，民粹主義者不喜歡民意代表，寧願選擇直接民主（公民投票就是一個例子），我們在第一章已經探討過，也在某種程度上反駁過了。因此，在政治哲學家與社會學家之間廣泛流傳的一個印象是，雖然有某些嚴重的缺陷，也許在某些情況下，民粹主義是對已經遠離人民的自由民主制度的一種「矯正」。

這是一種錯誤的期待，但在考慮到有關自由立憲主義與民粹主義的辯論方式中，有幾個造成不良後果的特徵時，就可以明白為什麼會產生這種希望：首先，這種討論往往與多數主義（majoritarianism）優點（相對於司法審查）的爭議性混淆；第二，**大眾**立憲主義（popular constitutionalism）與**民粹**立憲主義（populist constitutionalism）之間，並沒有清楚或可以辨別的差異[17]；第三，也是最重要的一點，「民粹主義」是「公民參與」或「社會動員」的一個非常不準確的替換符號。（而且相反地，削弱了法官與其他菁英的力量。）[18]除了這個模糊的使用意義之外（或也許就是因為有這個模糊之處），另外一個現實是，有關民粹主義與憲政主義的辯論，特別是在美國，很快就會變得非常情緒化，菁英主義或「群眾恐懼症」（demophobia）的指控開始滿天飛，理論家也被指責為「對普通人的政治活力抱持不良態度」，或提倡「暴民政治」（ochlocracy）[19]。

現在，就如希望的那般，民粹主義者已經變得很清楚，他們並不是全部「反對制度」，他們也不是一旦掌權就注定會自我毀滅。他們只反對在他們眼中無法形成道德（而不是經驗上）正確的政治結果的那些制度。而且，只有他們處於反對派時，才會發生這種事。掌權的民粹主義者並不反對制度，但這裡的制度是指他們的制度。

有足夠權力的民粹主義者，在新的社會政治協議的意義上，與一套新的政治遊戲規則（有些憲政主義學者所謂的政治「操作手冊」）的意義上，會想要建立一部新的民粹主義憲法。在第二層意義上，很容易會想到，他們想要建立的制度會允許不受限制的民眾意志，或在某種方式上會強化領導人與適當人民（pueblo）之間直接而沒有制度中介的關係。畢竟，民粹主義者通常被視為是雅各賓派（Jacobins）[#]的繼承人。

但是談到這裡，再提醒一次，事情並不是那麼簡單。當民粹主義者處於反對派時，主張不受約束的民眾意志似乎還說得過去；畢竟，他們的目的就是，設定**民眾**（*populus*）的真正表現，為非制度化、非程序化的**輿體**

譯注：法國大革命期間一個最暴力的組織，在革命期間掌權，平定各地叛亂，並大範圍實施處決計畫，清除他們認為不忠於共和國的人，而有恐怖統治之稱。

（*corpus mysticum*），並反對現存政治制度的實際結果。在這種情況下，對他們來說，**人民的心聲**（*vox populi*）以及制衡、分權等等，就無法讓這個單一、同質性的人民所擁有的單一、同質性的意志清楚呈現出來，也是勉強說得通的。

然而，在民粹主義者掌權之後，對於以憲政主義作為限制他們詮釋為民眾意志的東西之手段，就大幅減少了懷疑，只是，這個民眾意志（從來不是經驗上的，一直都是道德上的陳述）首先必須由民粹主義者確認，然後才適當地入憲。或者，引用由法學學者馬丁．洛林（Martin Loughlin）發展出來的差異——正面或建設性的憲法之後，就是負面或限制性的憲法。[20]民粹主義者會尋求延續他們所認為的道德高尚人民（適當的憲政身分，如果你願意這樣說的話）的適當形象，然後把理應符合這個人民形象的政策憲法化。因此，民粹主義的憲政未必有民眾參與的權利，民粹主義者也不一定會試圖以某種政治學家布魯斯．艾克曼（Bruce Ackerman）提過的方式，將某個受歡迎的領導人「個人魅力憲政化」。[21]

除了這些特色之外——再一次，這些都是由民粹主義的潛在道德主張來解釋的——民粹主義者可以透過憲法，來達成一個更平凡的目標：憲法能夠讓民粹主義者保住權力。當然，你可能會說，即使是這個目標也有一個民粹主義者想像的道德層面：身為人民的唯一合法代表，民粹主義者**應該**要永遠在位。因此，如果永遠掌權成為目標，那麼就有一個可能性，民粹主義者會把憲法當成只是一個虛假的門面，在那個門面之下，實際運作方式則完全不同。[22]如果憲法不再對這個目的有用處，他們也可能會犧牲自己的憲法。在這裡，雅各賓派真的是非常貼切的例子。正如歷史學者丹·艾德斯坦（Dan Edelstein）所揭櫫的，他們比歷史學家通常的假設更不在乎一般意志的真實呈現。[23]雅各賓派擔心一般意志的腐化，因此把希望寄託於一種一起實現自然權利的形式上，而且與人民的實際意願（以及伴隨的弱點）無關。當他們自己的憲法（以及它所促成的選舉）威脅到雅各賓派的權力時，他們實際上會毫不猶豫地凍結憲法，並以恐怖手段對付那些被視為**不法分子**（*hors la loi*）的人。

不是所有民粹憲政主義都像這一個這麼戲劇化（更不要說恐怖了）。最近的一個例子是匈牙利的憲法，官方正式名稱是「基本法」（Fundamental Law），這部憲法在二〇一二年初生效。這部憲法的前身是一份不具約束力的「全國協商」，根據政府的說法，大約得到九十二萬人的響應。[24]這個協商的結果可以被憲法制定者自由詮釋，以符合他們的一般概念，因此二〇一〇年的國會選舉導致了勝選政黨所謂的「投票所革命」，因為它贏得了國會三分之二的多數席次（但實際得票數只有五三%，在合格的八百萬選民中得到二百七十萬票）。這個「革命」理應已經產生了一個勢在必行的任務，就是要建立政府所稱的一個新的「全國合作體制」，以及一部新憲法。勝利者奧爾班說明：「人民……對匈牙利國會，給出了好的建議、好的指示（通過基本法）。在這個意義下，當匈牙利憲法受到批評……並不是批評政府，而是批評匈牙利人民……歐盟有意見的不是政府，雖然他們希望我們相信……但事實的真相是，他們攻擊的是匈牙利人民。」[25]任何攻擊匈牙利政府的人，就是在攻擊匈牙利人民，這種表述方式實在令人瞠目結舌。但他們在教學上也很有幫助，因為他們展現了帶著罕見純粹度的民粹主義邏輯。

在這部新憲法或「國家信條」（National Creed）的序言中，最後把某種非常特殊的匈牙利人民的形象憲法化，這個形象是致力於在一個敵對世界中求生存的民族、優秀的基督徒，也是一群可以從和適當匈牙利人「一起生活」的少數民族中區別開來的族群。在建構更技術性的憲法機制時，讓民粹主義者永遠掌權是很清楚的目標。[26]憲法中引進法官的年齡與資格限制，目的是拔除與執政的民粹政黨不同步的專業人士，並重新設計了憲法法院（在引進基本法之前，是政府權力的主要制衡機構）的能力與結構，而且執政黨選擇的公職人員任期不尋常的長（很多職位長達九年），很顯然是在牽制未來的政府。

匈牙利政府基本上就是設計了一部德國憲法法院前法官迪特·格林（Dieter Grimm）所謂的「獨家憲法」（exclusive constitution），或者也可以稱為一部**政黨**憲法（partisan constitution）：憲法明文設定了一些非常具體的政策偏好，但在非民粹主義的民主國家中，辯論這些政策偏好一直都是日常的政治角力。[27]而這部憲法在兩個意義上排除了反對派：他們沒有參與撰寫和通過這部憲法的過程；另外，由於這部憲法大幅限制了政策選擇的空間，他們的政治目標也無法在未來達成。換句話說，在這個新政權下，憲法制訂者即使在輸掉大選之後，依然可以延續他們的權力。

匈牙利基本法雖然受到全國協商中的觀點所啟發，但卻從未進行公民投票。對照之下，拉丁美洲的一些新憲法則是由選出的制憲會議所制訂，而且最後都通過了民眾投票支持，委內瑞拉、厄瓜多和玻利維亞都是很知名的例子。[28]舊的憲法實際上是在成立制憲會議的過程中通過，然後由理應會延續創始「民眾意志」的文件所取代。而這種創始意志（founding will）通常是由民粹主義者非常果斷地決定。例如查維茲就控制了「他的」制憲會議的選舉方式，並確保在選舉中占有六〇%多數的黨，可以轉換成制憲會議中九〇%以上的席位。

可以預期的結果就是，在強化執行權力的同時，削弱司法部門的權力以及／或將自己的政黨人馬安插在司法職務上，民粹主義者的理想就會成為現實。因此，在轉換成新憲法並合理撤換現有公職人員時，新憲法也有助於實現民粹主義者「占領國家」的目標。[29] 一般而言，選舉較不自由，也較不公平，媒體也更容易受到高層的控制。因此就匈牙利的例子來說，**新憲法**（*nuevo constitucionalismo*）是利用憲法為延續民粹主義者的權力設定有利條件，而且全部都以同一觀點的名義為之，他們（而且只有他們）代表著單一的**憲法意志**（*la voluntad constituyente*）。

現在，這一切都不意味著民粹憲法將永遠精確地如預期運作。這些憲法是設計來讓多元主張失能的，但只要反對派在民粹政權所舉辦的選舉中有選贏的機會，多元主張就不會完全消失。然而，這樣的民粹憲法因此很可能導致嚴重的憲政衝突。看看委內瑞拉在二〇一五年十二月的選舉，反對聯盟民主團結圓桌會議（Mesa de la Unidad Democrática, MUD）贏得大選，取得可以改變憲法的多數之後的情形。總統馬杜洛一開始就威脅說他執政不要國會（但要軍隊）；他也用盡一切手段反對三個當選的反對派國會議員（以阻撓反對派達到改變憲法所需的人數門檻）。已經被查維茲「他的」憲法大幅增加權力的高層，權力再次擴大，這樣馬杜洛就可以在沒有國會的參與下，只要他覺得適合，就可以指派或拔除中央銀行的董事。[30]這樣還不夠，馬杜洛還試圖以「公社議會」（Parliament of Communes）的形式，成立某種相當於國會的組織（透過成立所謂的玻利瓦爾人圈子〔Bolivarian circles〕，建立與正式國會分庭抗禮的合法性，類似的計畫首度由查維茲自己嘗試過，但大致上失敗了）。[31]為了把馬杜洛拉下台，民主團結圓桌會議最後決定舉行公民投票。

其中的重點就是，民粹主義憲法是設計來限制非民粹主義者的權力，即使是在非民粹主義者組成政府期間。因此衝突勢必無法避免。憲法不再是政治的框架，而被視為占領政體的純粹政黨工具。

人民可以永遠主張「我們人民」嗎？

目前為止的分析含意，看起來似乎非常保守：政治應該被限制在正式政治制度的互動，不管由實際結果產生的制度是什麼，一定都是合法的，因此**有關**人民、**為了**人民，更不要說**由**人民發起的主張，都是被禁止的。但這是一種誤解。在民主體制中，任何人都可以提出代表的主張，並看看哪一些特定選民會響應；或者，就這件事來說，也可能是任何與這個團體認同的象徵表現產生認同的選民，但這群人可能還沒意識到這個團體認同。事實上，我們甚至可以說，民主就是設計來大幅增加這樣的主張：正式代表的行為應該是可以爭論的，而且會牽涉到這些代表是否失去代表性的論點，這也許意味著他們無法為選民喉舌，或他們甚至違背了這個政治社群象徵性的自我理解。[32]

街頭抗議、線上請願等等行為，都有真正的民主意義，但缺乏適當的民主形式，因此無法產生可以對抗代表機構的某種民主王牌。[33]無論如何，這樣的爭論絕對不同於以整體人民的名義發言的嘗試，以及在道德上反對與該主張持不同意見的所有人。

但那些在世界各地以「人民力量」名義抗爭的人呢？舉一個最近的例子，在埃及開羅塔里爾廣場反抗穆巴拉克（Mubarak）政權的示威者，使用的表達方式是「一隻手」、「一個社會」與「一個需求」。（還有更富創意的口號，例如「人民想要一個不染髮的總統！」）[34]是否該向他們講解並告知，很可惜地，他們並沒有正確理解民主的涵義，因此注定誤解了憲政主義的意義？

可以這麼說，本書的分析並未排除有關排除（exclusion）的主張。任何人都可以批評現有的程序，挑出它們在道德盲點上的缺陷，並提出更包容的標準與手段。問題不在於主張目前的處置措施已經失敗，而是出在主張批評者（而且**只有批評者**），可以為「人民」代言。還有一個問題是，很多自稱激進的民主理論家假設——非常普遍，但既不是經驗上的，也不是規範上的理由——**部分代替整體**的主張，可以為之前被排除在外的人，取得真正有價值的成果，至於其他的一切就只是行政作業，或只要納入現有的政治與社會措施。[35]這種觀點沒有看到「我們（以及只有我們）代表人民」的主張，有時候可能幫助政治人物取得權力，但政體將更難維持長期的穩定。因為一旦賭注提高到無法妥協的認同層級，就可能出現衝突不斷的局面。

有一種陳腔濫調的說法是，由於追求包容性的抗爭，以及憲法的一般「公民詮釋者」（citizen interpreters）尋求實現之前包含在創始文件中但未能實現的道德主張，很多憲法都已經進化了。[36]但一個重點是，追求包容性的抗爭很少主張「**我們**（**而且只有我們**）是人民。」相反地，他們通常會主張「我們**也**是人民。」（不同領導人的主張可能是「我們**也**代表人民」。）符合民主原則的憲法允許開放式的爭論，以探討這些原則在任何特定時期內的意義：也允許新的大眾成為一個新的代表主張的基礎。從來沒有想過彼此有很多共通之處的公民，可以響應某個他們毫無疑問的代表訴求，然後忽然就發現他們彼此形成一個集體行為者，就像一群能夠一致行動的個人（引用漢娜·鄂蘭的知名表達方式）。例如，特立獨行的多倫多市長羅伯·福特（Rob Ford）所引進的「福特國」（Ford Nation）。或想想川普支持者堅稱，他們並不是菁英批評家以輕蔑口吻聲稱的**川普無產階級**（Trumpenproletariat），而是抱持合理牢騷與共和黨未能認真看待的理想的一群人。這裡的想法與約翰・杜威（John Dewey）的見解類似，大眾並不只是存在於「那裡」，而是被創造出來的（有人也許記得馬克思主義者的觀點，一個階級必須為了自身意識而形成一個階級，也就是成為一個集體的政治行動者）。一個運作良好的民主體制應該是設計來增加代表性的主張，而且最後還要經過實際的測試。[37]當然，我們無法保證這樣的爭論確實會發生，或者這種追求包容性的抗爭會成功。（或者，就這件事來說，抗爭一開始可能與包容性有關，而不是抗爭憲政秩序本身。另外，當然，這些抗爭也可能牽涉到**排除**的主張。）

在理想上，憲法可以促成人們所謂的「追求包容性的主張提出鏈」（chain of claim-making for inclusion）。最初的「我們人民」既不會完全消失在一般政治過程裡，也不會成為在憲政秩序外的一個實際、經驗上的統一代理人——一種宏觀的主體。更精確地說，「我們人民」所指的對象仍然是一個有待探討的問題，這就是民主在很多方面**所探討的重點**。就如法國哲學家克洛德．萊福特（Claude Lefort）所說的，「民主開創了一種不可捉摸、無法控制的社會經驗，當然，在這樣的社會中，人民將會被認為擁有最高的統治權，但它的身分將持續有討論餘地，也將會保持永遠的隱性。」[38]

這也意味者「人民」是一種變化多端、充滿風險，也許完全危險的表達方式。有些法國與美國革命家肯定想到過這一點。在一七九一年版本的《愛國者之友》（*L'Ami des patriotes*）中，安德里安．杜奎斯諾伊（Adrien Duquesnoy）建議，嚴格規範公民對「人民」的使用。[39]對於不加控制地使用「人民」的可能後果，約翰．亞當斯（John Adams）也不太隱藏他的焦慮：「把一個極富爭議與充滿口角的源頭開放，是很危險的……這將不會有結束的一天。新的主張會不斷出現。婦女將會要求投票權。十二歲到二十一歲的男性將會認為他們的權利不夠充分，而每一個身上沒有一文錢的男人也將要求在所有的國家行為上，和其他人一樣擁有平等的發言權。它往往會混淆與破壞所有的區別，並推翻所有的等級到一個相同的水平上。」[40]

人民的概念甚至可以被非常傳統的菁英所利用來增加自己的優勢，例如主張在民主革命中，應該掃除「人民力量」。俾斯麥在一八七三年於國會宣稱：「我們全都屬於人民，我也有人民的權利，人民也屬於皇帝陛下；我們全部都是人民，而不只是做出某些舊主張的紳士。這些主張傳統上被稱為自由主義，但不全然是自由主義。他們壟斷人民的名義，並把我排除在人民之外，我對此非常不以為然。」[41]

對於人民的這個問題，民主讓它可以永遠重新開放，甚至可以提出一個全新的術語，就像以民主理想的名義，就永遠可以批判某個特定民主國家的現實問題。美國政治理論學家謝爾登·伍林（Sheldon Wolin）曾經這樣說：「從過去到現在，民主是唯一自我譴責反對平等與包容的政治理想。」[42]就這個意義而言，民主永遠有代表性的危機。[43]另外，很重要而值得注意的一點是，這種危機不只是誰得到代表的問題，也包括公民如何得到代表，就像對包容性的需求最後可能會需要政治與社會結構整體的改變（相對於包容更多團體，進入本質上維持不變的結構）[44]。因此，作為一個整體的民主，這樣的格言也許可以說得通：「嘗試過，失敗過，沒關係，屢敗屢戰，每次失敗都比上次更進步。」

事實上，正是民粹主義者強硬堅持，可以堅定而確實地辨識出人民，因此人民現在是實際的而不再是隱性的了，而打破了主張提出鏈。因為這就像是某種最終主張。就這個意義而言，民粹主義者實際上想要的是一種封閉狀態（特別是憲法上的封閉），完全不像主張包容並應該致力於更進一步包容或讓主張提出鏈繼續下去的人。茶黨就是提倡這種憲政封閉的主要例子。

那麼在塔里爾廣場聽到的吶喊聲呢？或者，回到大約四分之一個世紀之前，一九八九年秋天，在東德街頭大聲反覆唱頌的「我們人民」呢？

在一個宣稱獨家代表人民但事實上把大部分人民排除在政治之外的政權面前，這個口號完全是合法的。我們可以更進一步主張，乍看之下似乎像是突顯民粹主義的口號，事實上卻是一種反對民粹主義者的主張：政府假裝獨家代表人民與他們思考周延的長期利益（或者是社會主義政黨所說的，一種標準「領導角色」的理由），但事實上，人民（*das Volk*）是其他的東西，想要的也是其他的東西。在非民主國家中，「我們是人民」（We are the People）是一個合理的革命主張，很顯然並不是民粹主義者的主張。但是在把代議民主的限制加以延伸，並且依然對程序（與經驗上的現實）保留幾分尊重的民粹政權中，即使只是對政權提出很小的爭論，也會帶來嚴重的不良後果。想想格茲公園示威者被鎮壓之後，伊斯坦堡塔克辛廣場上那一個「站立人」（standing man）。當時示威活動已經被禁止。所以有一個人並不是在示威，他只是一個人獨自站在那裡，一個沉默的見證人，一個凱末爾的共和國價值的提醒者（因為他面對凱末爾的雕像站著），但同時也是一個活生生、常設的責備，反對政府宣稱代表所有正直的土耳其人，沒有遺漏其他人。最後有很多男男女女加入他，只是站在那裡，沒有人說一句話，也沒有人留下任何訊息。但是艾爾多安仍然篤定地採取這一章前面分析過的一個統治技巧。他的政府試著證明，厄登．古恩杜茲（Erdem Gündüz）——「站立人」的名字——是一名外國特務。但古恩杜茲在接受一家德國報紙採訪時指出，「有一個親政府的記者，這個人後來還成為艾爾多安的顧問，他指控我是導致米洛塞維奇（Milosevic）垮台的愛爾維亞公民抵抗運動（Otpor，按：一個非暴力的青年運動）的特務或成員。而且歐洲事務部長艾格門．巴基斯（Egemen Bagis）在推特上發文，說我在行動之前，就在德國大使館待了三天。事實上，我從來沒去過德國大使館。」[45]

現在，不管一個特定的主張是民主或民粹的性質，將不是一個斬釘截鐵、顯而易見的事了。例如埃及，在塔里爾廣場的最初抗議活動以及一直到制憲過程之間的那段時間，不一定很容易分辨是民主或民粹哪一個時期。（因為無法直接從「人民」是否被引用來確認。）但事實依然是，在二〇一二年與二〇一三年期間，穆斯林兄弟會（Muslim Brotherhood）試圖建立一部民粹主義、有政黨立場的憲法，並根據他們對成為好埃及人的特定理解，定義了純正人民的形象，還加上了限制條件。[46] 對抗因此也變得難以避免了。[47]

1 一個有用的例外是Daniele Albertazzi and Duncan McDonnell, *Populists in Power*（New York: Routledge, 2015）.

2 José Pedro Zuquete, "The Missionary Politics of Hugo Chavez," in *Latin American Politics and Society*, vol. 50（2008）, 91–121; here 105.

3 Benjamin Moffitt, "How to Perform Crisis: A Model for Understanding the Key Role of Crisis in Contemporary Populism," in *Government and Opposition*, vol. 50（2015）, 189–217.

4 Carlos de la Torre, *Populist Seduction in Latin America*（Athens: Ohio University Press, 2010）, 188.

5 這並不是說這些領導人在風格與本質上都完全一樣。特別是莫拉萊斯已經嘗試一種比較包容性的作法，不僅止為玻利維亞起草一部新的憲法。他「承諾的憲法」提供很多基本權利（包括過好生活的權利，以及自然本身的權利）；莫拉萊斯也試著承認之前被排擠的少數族群，宣布玻利維亞是一個「多民族」國家。

6 Bernard Manin, *The Principles of Representative Government*（New York: Cambridge University Press, 1997）; and Jeffrey Edward 114 *Notes to Pages 46–61* Green, *The Eyes of the People: Democracy in an Age of Spectatorship*（New York: Oxford University Press, 2010）.

7 大眾侍從主義是一種民主的早期形式，這種論點可見Francis Fukuyama, *Political Order and Political Decay*（New York: FSG, 2014）.

8 參見Kurt Weyland, "The Threat from the Populist Left," in *Journal of Democracy*, vol. 24（2013）, 18–32.

9 關於Venezuelan的例子，可參見 Sebastian L. Mazzuca, "The Rise of Rentier Populism," in Journal of Democracy, vol. 24（2013）, 108–22.

10 參見Yolanda Valery, "Boliburguesia: Nueva clase venezolana," http://www.bbc.com/mundo/economia/2009/12/091202_1045_venezuela_boliburguesia_wbm.

shtml, accessed January 15, 2016.

11 民粹政權不斷規定社會為某一個特定的形象。奧爾班創造了一個歐威爾式的「國家合作體系」（System of National Cooperation）；艾爾多安堅定地告誡土耳其人，社會中的每一個人必須知道自己的適當位置（與限制）。參見 H. Ertu Tombu , "Erdo an's Turkey: Beyond Legitimacy and Legality," http://researchturkey.org/erdogans-turkey-beyond-legitimacy-andlegality, accessed January 15, 2016.

12 Karin Priester, *Rechter und linker Populismus: Annaherung an ein Chamaleon*（Frankfurt am Main: Campus, 2012）, 20.

13 Carl Schmitt, *The Crisis of Parliamentary Democracy*, trans. Ellen Kennedy（Cambridge, MA: MIT Press, 1988）, 16–17.

14 參見 "Viktor Orban's Speech at the 14th Kotcse Civil Picnic," http://www.kormany.hu/en/the-prime-minister/the-prime-minister-s-speeches/viktor-orban-s-speech-at-the-14th-kotcse-civil-picnic, accessed January 15, 2016.

15 Wolfgang Merkel et al.（eds.）, *Defekte Demokratien*, 2 vols.（Opladen: Leske + Budrich, 2003）.

16 一個啟發性的例外是，卡特瓦塞（Cristóbal Rovira Kaltwaser）提出的FLJS政策簡報〈民粹主義與憲政主義〉，http://www.fljs.org/sites/www.fljs.org/files/publications/Kaltwasser.pdf, accessed June 16, 2015.

17 針對這樣的評論，可參見Corey Brettschneider, "Popular Constitutionalism Contra Populism," in *Constitutional Commentary*, vol. 30（2015）, 81–88. The main reference point for debates about popular constitutionalism in the United States remains Larry Kramer's *The People Themselves*（New York: Oxford University Press, 2004）.

18 例如，伊麗莎白．博蒙特（Elizabeth Beaumont）寫到：「我寬鬆地使用公民與大眾這兩個詞彙，並且和門外漢通常在用的普通人、市民，或非公務員等字眼可以互相交換使用。」in *The Civic Constitution: Civic Visions and Struggles in the Path toward Constitutional Democracy*（New York: Oxford University Press, 20114）, 4. 或者思考一下湯姆．唐納利（Tom Donnelly）主張，談到所有的差異，大眾立憲主義倡導者都有一種「民粹主義者的敏感度」（populist sensibility），這一點說到底無非就是「一種普遍的信念，認為美國人（以及他們選出的代表）應該持續形塑當代的憲政意義。」Tom Donnelly, "Making Popular Constitutionalism Work," in *Wisconsin Law Review*（2012）, 159–94; here 161–62.

19 Richard D. Parker, " 'Here the People Rule': A Constitutional Populist Manifesto," in *Valparaiso University Law Review*, vol. 27（1993）, 531–84; here 532.

20 Martin Loughlin, "The Constitutional Imagination," in *Modern Law Review*, vol. 78（2015）, 1–25.

21 Bruce Ackerman, "Three Paths to Constitutionalism—And the Crisis of the European Union," in *British Journal of Political Science*, vol. 45（2015）, 705–14.

22 有關虛假憲法的觀念，請參見Giovanni Sartori, "Constitutionalism: A Preliminary Discussion," in *American Political Science Review*, vol. 56（1962）, 853–64.

23 Dan Edelstein, *The Terror of Natural Right: Republicanism, the Cult of Nature, and the French Revolution*（Chicago: University of Chicago Press, 2009）.

24 Renata Uitz, "Can You Tell When an Illiberal Democracy Is in the Making? An Appeal to Comparative Constitutional Scholarship from Hungary," in *International Journal of Constitutional Law*, vol. 13（2015）, 279–300; here 286. 有關匈牙利的新憲法，也可參見有關匈牙利的不自由轉變的特別報導，*Journal of Democracy*, vol. 23（2012）and the collection edited by Gabor Attila Toth, *Constitution for a Disunited Nation: On Hungary's 2011 Fundamental Law*

（Budapest: CEU Press, 2012）.

25 引自Agnes Batory, "Populists in Government? Hungary's 'System of National Cooperation,' " in *Democratization*, vol. 23（2016）, 283–303.

26 Uitz, "Can You Tell When an Illiberal Democracy Is in the Making?"

27 Dieter Grimm, "Types of Constitutions," in Michel Rosenfeld and Andras Sajo（eds.）, *The Oxford Handbook of Comparative Constitutional Law*（New York: Oxford University Press, 2012）, 98–132.

28 可參見Roberto Viciano Pastor and Ruben Martinez Dalmau. 哥倫比亞早期的例子比較不明顯，理解的觀察家將之稱為新的拉丁美洲憲法。

29 David Landau, "Abusive Constitutionalism," in *University of California Davis Law Review*, vol. 47（2013）, 189–260; here 213.

30 "Ein Schritt in Richtung Demokratie," in *Frankfurter Allgemeine Zeitung*, January 5, 2016, http://www.faz.net/aktuell/politik/ausland/ amerika/parlament-in-venezuela-tritt-mit-oppositioneller-mehrheit-zusammen-13999306.html, accessed 15 January 2016.

31 出處同前。

32 Bryan Garsten, "Representative Government and Popular Sovereignty," in Ian Shapiro, Susan C. Stokes, Elisabeth Jean Wood, and Alexander S. Kirshner（eds.）, *Political Representation*（New York: Cambridge University Press, 2009）, 90–110; here 91.

33 Christoph Mollers, *Demokratie: Zumutungen und Versprechen*（Berlin: Wagenbach, 2008）, 33–34.

34 Gilbert Achcar, *The People Want: A Radical Exploration of the Arab Uprising*（Berkeley: University of California Press, 2013）, 1.

35 Ernesto Laclau, *On Populist Reason*（London: Verso, 2005）. 克拉勞主張，「很容易看到……政治可能性的條件和民粹可能性的條件是一樣的：他

們都預先假設了社會的分工；在這兩種情況，我們也發現了一種模糊的**大眾**（*demos*），其中一方是社群中的一部分（失敗者），另一方是代表自己的代理人，以對抗的方式代表**整個**社群。」參見他的 "Populism: What's in a Name?," in *Populism and the Mirror of Democracy*（London: Verso, 2005）, 32–49; here 48.

36 後續請參見Jason Frank, *Constituent Moments: Enacting the People in Postrevolutionary America*（Durham: Duke University Press, 2010）.

37 Garsten, "Representative Government."

38 Claude Lefort, *The Political Forms of Modern Society: Bureaucracy,Democracy, Totalitarianism*, ed. John B. Thompson（Cambridge, MA: MIT Press, 1986）, 303–4.

39 Pierre Rosanvallon, "Revolutionary Democracy," in Pierre Rosanvallon, *Democracy Past and Future*, ed. Samuel Moyn（New York: Columbia University Press, 2006）, 83–84.

40 引自Frank, *Constituent Moments*, 2. 歷史學家羅傑斯（Daniel T. Rodgers）正確地評論道：「人民這個詞的發展是，看著人們以非比尋常的意義投資在這個字眼上，然後卻失去對它的掌控，讓給別人去主張，這就是後果。」引用出處同前，3.

41 引自Reinhart Koselleck, "Volk, Nation, Nationalismus, Masse," in *Geschichtliche Grundbegriffe*, vol. 7, eds. Otto Brunner, Werner Conze, and Reinhart Koselleck（Stuttgart: Klett-Cotta, 1992）, 141–431; here 148. 如同柯塞雷克（Koselleck）悠悠地說：「俾斯麥提出了一種意識形態批判的形式，讓他能立刻從人民的概念做出推論。」

42 Sheldon Wolin, "Transgression, Equality, Voice," in Josiah Ober and Charles Hedrick（eds.）, *Demokratia: A Conversation on Democracies, Ancient and Modern*（Princeton, NJ: Princeton University Press,1996）, 63–90; here 80.

43 Rosanvallon, "Revolutionary Democracy," 91.

44 可以思考一下第一波與第二波的女權主義。

45 "Mir geht es um Respekt," in *Die tageszeitung*, September 7, 2013, http://www.taz.de/!5059703, accessed January 2016.

46 匈牙利和埃及的例子，是一個非常有啟發性的比較。可參Gabor Halmai, "Guys with Guns versus Guys with Reports: Egyptian and Hungarian Comparisons," *Verfassungsblog*, July 15, 2013, http://www.verfassungsblog.de/de/egypt-hungary-halmaiconstitution-coup, accessed November 13, 2013.

47 當邁丹獨立廣場（Maidan）抗議活動變成對抗真正的烏克蘭人身分主張時，也有類似的情況。

CHAPTER 3

如何對付民粹主義者

¶

在這個階段，或許有人會納悶，如果民粹主義者這麼明顯一定是原生威權主義者（protoauthoritarian）#，很可能會嚴重破壞民主體制，為什麼還會有人想支持他們呢？在許多國家，民粹主義領導人都有數百萬名支持者，就能證明那些支持者都具有威權主義人格（指第一章討論過的一項心理診斷）嗎？美國真的可能有那麼多同胞，會因為在他們眼中我們不符合「真正的美國人」一概念，就準備把我們排除在外嗎？在這一章，我想讓自由民主人士的人生更辛苦一點，他們現在可能已經受到引誘，對民粹主義完全不屑一顧，就像面對任何思想層次上的挑戰一樣（相較之下，如果

譯注：英文proto字首表示某件事正在發展初期或發展中。

是經驗性的問題，無論如何就必須處理）。我將指出民粹主義的訴求方式，靠的就是義大利民主理論家諾貝托．波比歐（Norberto Bobbio）以前所說的「破碎的民主承諾」（the broken promises of democracy）。此外，我也想呈現，民粹主義如何解決一個自由民主主義沒有真正解答的問題，也就是一開始該由什麼東西構成「人民」的界限。最後，我將試著解釋，美國與歐洲在今日的特別歷史情勢，已經助長了民粹主義的風起雲湧。我也將在結論中提出一些建議，說明什麼才是**和民粹主義者對話**（而非只是**談論他們**），又不至於淪落得**像他們那樣說話**的最佳辦法。

民粹主義與破碎的民主承諾

要如何解釋民粹主義的魅力？當然，從侍從主義與歧視性法律受益的人，一定能找出民粹主義的好處。不過我也要指出，民粹主義的成功與所謂的民主承諾有關，而民主承諾不僅到現在還沒實現，就某種意義而言，也不可能在我們的社會中實現。過去從來沒有人正式提出這些承諾，這些承諾比較像是所謂的「民主的民間理論」[1]（folk theory of democracy），或是直覺，不只能解釋民主在現代世界的吸引力，也能解釋民主的週期性失敗。

簡單地說，最重要的承諾就是人民可以治理國家。至少在理論上，民粹主義者主張，整體的人民不只擁有共同而一致的意志，而且可以透過強制委任的形式，要求對的代表執行人民的意志。有關民主的很多最初直覺都可以理解成這樣的情形：民主就是自治（self-government），而且能夠理想統治的並非多數，而是全體人民。即使是在民主的雅典，這個故事也不是完整的故事，不過在培養集體能力感（sense of collective capacity），以及實際參與集體行動的意義上，雅典仍然最接近我們對民主的想像（但是關鍵在於以公民輪流統治與被統治為條件，如果沒有建立適當的機制，讓公民輪流擔任與卸任公職，就沒有民主）。[2]除非是太愚鈍了，否則任何人肯定都能看出，這種集體統治個人命運的想法為什麼有魅力，如果因為在現實中無法實現，而導致一個人產生憂鬱的情緒，這或許也是可以被諒解的。

現在，民粹主義者說得**好像**這種承諾是可以實現的。他們說得和做得**好像**人民可以發展出單一的判斷、單一的意志，並因此發展出單一的明確委任。他們說得和做得**好像**人民是一體的，任何反對派的存在，如果能受到絲毫確認，也很快就會消失無蹤。他們說得**好像**只要人民賦權適當的代表，就能完全統治自己的命運。肯定的是，他們從不談論人民本身的集體能力，也不假裝人民實際上能夠占領國家的職務。就像我在本書一直強調的，只有在代議民主的環境中，才能想到有所謂的民粹主義。

到現在為止，民主與民粹主義的主要差異已經很清楚了：民主是讓多數人有能力授權某些代表，那些代表的行動最後不一定能符合多數公民期待的樣子，或本來可能希望的樣子；民粹則是假裝民粹政府的行動完全不容懷疑，因為就是「人民」的意志要求這麼做的。民主假定不斷改變的多數派做出的判斷是可能出錯的、可以爭論的；民粹想像在所有制度之外有一個同質性的實體，其身分與想法都可以完全被代言。民主假設，如果真的有所謂的由個人構成的人民，那麼最後只有數字（在選舉中）算數；而民粹則理所當然地認為，「實體本質」（substance）或多或少有點神祕，而且大量的個人（即使是多數）可能也無法適當表達出那種本質。民主認為，經過民主程序做出並受到眾人遵從的決定，不能經由把所有反對者視為不道德，來證明自己是「道德」的；民粹假設，即使在對道德（與政策）的意見嚴重分歧的情況下，仍然有唯一正確的道德決定。最後（也是最重要的），民主假設「人民」永遠不可能以非制度化的方式出現，並且特別同意，在議會中的多數並非「人民」（即使是俄羅斯總統弗拉基米爾．普丁喜歡說的「壓倒性多數」，也不算是人民），認為他們不能以人民的名義發表意見；民粹的假設則恰恰相反。

這麼說來，代議民主似乎不必訴諸「人民」，就可以湊合著發揮作用。不過事實真的是那樣嗎？在這樣一幅畫面中，是不是少了什麼東西？或者，所有合理的民主考量，包括更多的參與、更好的商議，或在西方國家當代金融資本主義的條件中，多數人並沒有受到不公平的待遇，都能用這種方式重新措詞，完全排除使用「人民」一詞的需要嗎？

我認為這種考量的確可以重新措詞，不過這些考量可能沒辦法獲得支持，倒不是因為「人民」已經消失了，而是因為其他東西正從我們眼前消失：政黨民主。[3]在一個多元主義的社會，和遲早必須做出無法討好每個人的權威決策的政治體制之間，政黨曾經扮演著居中斡旋的角色。雖然知道在未來的某個時間點，將有合理的機會獲勝，「輸家」也需要對結果表示同意。簡單地說，在民主體制中，你知道自己可能會失敗，不過你也知道自己不會永遠都失敗。政黨形成政府與合法的反對派，也正是這種合法的「部分」（parts）（相對於「整體」〔the whole〕）的存在，具有某種反民粹主義的意義。即使是自稱為「人民黨」或**大眾政黨**（*Volksparteien*）的龐大「全民」政黨，也具有這種意義；雖然名字聽起來帶有民粹主義的風格，不過他們從沒宣稱只有自己能代表整體人民。相反地，他們各別提出了兩個以上互相牴觸的民族意識（peoplehood）的概念，雖然誇大了它們之間的差異，但是也承認另一方具有正當性。在經過內戰後終於承認自己需要共存的國家，尤其容易受到這種策略吸引。試想奧地利的情形，代表社會主義的「紅黨」（Reds），以及代表保守派天主教的「黑黨」（Blacks），必須找出一起生活在相同政治空間的公平方法。總之，政黨代表多樣性，政黨制度就象徵統一。

時至今日，許多指標都顯示，不論政黨或政黨制度，都再也無法實現他們各自的功能了。學者已經指出，在一些政黨制度較無影響力的地區，民粹主義就比較強大。當之前協調一致而根深蒂固的政黨體制瓦解後，民粹主義者登上舞台的機會顯然就增加了：只要想想一九九〇年代早期，戰後義大利的政黨體制內爆（implosion）後，最終如何產生出西爾維奧・貝魯斯柯尼這種人就知道了。如果政治哲學家凱爾森（Kelsen）說得對，在現代的條件下，民主只能是政黨民主，那麼，政黨與政黨體制的緩慢解體，就不只是細微經驗上的細節了。這種情形將會影響民主本身的可行性，包括由某種民主理想遺留下來的任何東西，例如為政治社群提供統一意識以及集體代理人（collective agency）。

民粹主義的自由民主批判

目前為止，我已經假設，甚至想當然地認為，民粹主義者從住在一個國家的人民的經驗總體（empirical totality）中，提取「真正的人民」的概念，然後排除那些不同意民粹主義路線的公民，是一種錯誤的做法。只要回想一下喬治．華萊士如何喋喋不休談論「真正的美國人」，或者右派分子聲稱歐巴馬是一個「不美國」（un-American）或甚至是「反美國」（anti-American）的總統，就能明白我的意思了。然而，想用這些排他行為來斥責民粹主義者，就會產生一個關鍵的問題：除了某些歷史偶然因素，例如某人在某個地區出生，或某人碰巧是某對父母的兒子或女兒，還可以由什麼或誰來決定人民的成員資格？簡單地說，指控民粹主義者具有排他性是一種標準作法；不過，自由民主人士實際上也能接受，並不屬於特定國家一部分的排他行為，除非他們提倡一個單一、平等的公民身分所建立的世界國家。在政治理論上，這被稱為「邊界問題」（boundary problem）。眾所周知，這個問題並沒有明顯的民主解答：如果說人民應該做決定，就是假設我們已經知道人民是誰，但這正是需要解答的問題。

事實上，我們在這裡可以看見一種新奇的倒退。即使道德標準只是認同政治的形式，但民粹主義者總是要在道德上區分出適當屬於他們的人，以及不屬於他們的人。[4]自由民主人士似乎只能訴諸赤裸裸的事實，或者，換個稍微不同的說法，只是歷史偶然。他們可以說，因為某些人畢竟擁有美國公民身分，所以基於事實，他們也是「真正的美國人」。不過這的確只是一個事實；在本質上，這不構成一種規範性的主張。

現在我們要如何改善？我建議的方式有兩種：第一點，批評民粹主義者排除部分人民的行為，並不需要**明確**設定誰是與誰不是某個政體的一員。沒有人授權民粹主義者可以採取（至少象徵性地）大規模的剝奪權利行為。這並不是說，五一％的選民正式排除其餘的四九％，是一種合理的行為；這只是指出，許多公民在面對民粹主義者所暗示的事時，很可能會以這種說法來回應：「我可以用各種方式批評某些人，而且實際上並不否認他們作為自由、平等的公民同胞的身分。」第二點，也是更重要的一點，邊界問題並不是任何**態度傲慢**的政治理論能一次徹底解決的問題。處理這個問題是一種**過程**，在這個過程中，現有成員和候選成員都有發言權；這應該是一種民主辯論，而不是基於不可改變的標準所做出的永久決定。[5]以為這個過程一定會在包容性上更進步，當然是一種錯誤的想法；也許在一場真誠的民主辯論結束時，人民的定義會比一開始的定義**更**有限制性。

然而，關於民粹主義的自由民主問題批判，到這裡還沒結束。目前為止，我們理所當然認為，反多元主義者本身就是不民主的。不過是這樣嗎？多元主義就像它的特殊變體多元文化主義（multiculturalism）一樣，經常同時呈現為一種事實與一種價值。就像邊界問題，我們不明白為什麼一個簡單的事實，就應該自動具有任何道德重要性。接著又要面臨這個議題：多元主義和多樣性，並不是像自由一樣的基本價值。沒有人可以說，越多元就自然一定越好。雖然在自由思想中，多元和自由常常被聯想在一起，但許多哲學家也正確地指出，經過仔細檢視後，實際上很難從多元主義的存在（尤其是價值與生活形態的多元），對自由得到有原則的認可。[6]因此我們必須更準確地了解，反多元主義到底有什麼問題。我們可能會以為，民粹主義的真正問題是，它否定了多樣性，實際上就是否定某些公民的自由、平等身分。這些公民可能不是被正式排除，不過他們個人價值的公共合法性、有關美好生活的想法，甚至物質上的利益，實際上都受到質疑，甚至被宣稱不必被加以考慮。就像約翰．羅爾斯主張的，接受多元主義並不是承認我們住在多元社會的經驗事實；更精確地說，這等於是一種承諾，要和其他我們尊重其自由與平等，但難免有不同身分認同與利益的人，嘗試找出一些分享相同政治空間的公平協議。在這個意義上，否定多元主義就等於是說：「我只能住在這樣的政治世界：我對這個政體抱持的概念，或我對誰是真正美國人的個人觀點，都比其他任何人的想法更重要。」[7]這完全不是面對政治的民主觀點。

最後，還要考量民主人士有時候回應民粹主義領導人與政黨的方式。在很多國家，非民粹主義政黨的反應，以及大眾媒體有時候的反應，已經在民粹主義者周圍豎起一道**警戒線**（*cordon sanitaire*）：不要和他們合作，當然也不要和他們結為政治聯盟；不要在電視上辯論，也不要對他們提出的任何政策需求讓步。在某些情況下，這種排除策略的種種問題在一開始就很明顯了。舉例來說，前法國總統尼古拉．薩柯齊（Nicolas Sarkozy）不斷聲稱，國家陣線並非真的支持基本的法國共和價值；但是他又模仿國家陣線的移民政策，把自己的政黨變成像是「國家陣線輕量版」（FN lite）。這種顯而易見的偽善必然會削弱任何反對國家陣線策略的行動。比較不明顯的是，除了民粹主義者，所有政治行動者都串通起來排擠民粹主義者的事實，在民粹主義者聲稱既有政黨正在形成「壟斷聯盟」（cartel）時，就直接強化了這個說法的可信度；民粹主義者最喜歡指出，他們的競爭對手雖然公開聲明彼此有不同的意識形態，但最後都是一樣的，因此他們甚至出現結合既有政黨名字的傾向，企圖強化一種只有民粹主義者能提供真正的替代方案的感覺。（舉例來說，在法國，瑪琳·勒龐過去常說「UMPS」，就是把薩柯齊的右派政黨首字母縮略詞，和左派社會主義政黨的首字母縮略詞結合在一起。）

除了這些比較實際的挑戰，在計算哪些作為能真正防堵民粹主義激情的政治效果，還有一個原則上的顧慮。我向來堅定地表示，民粹主義者的問題就是他們排斥異己，那麼我們應該做些什麼來反擊？排斥他們！我也一再指出，民粹主義者是堅定的反多元主義者。那麼我們要做些什麼來排斥他們？降低整體的多元主義。這麼說似乎不太對。有人大概會想起，當時是什麼賦予華萊士對自由主義者的反擊如此強大的力量：他可以帶著部分合理性宣稱，「世界上最大的偏執狂就是……那些說別人是偏執狂的人」[8]。

我建議只要民粹主義者沒有違反法律，例如沒煽動暴力，其他政治行動者（以及媒體界人士）就有義務和他們打交道。他們進入議會後就代表選民，如果完全無視民粹主義者，必然會增強那些選民的成見，讓他們認為「既有菁英」已經拋棄他們，或一開始就不在乎他們。然而，和民粹主義者對話與像民粹主義者那樣說話，兩者並不一樣。我們可以認真看待他們的政治主張，卻不必完全對他們的言論信以為真。尤其，我們也不必接受民粹主義者框架某些問題的方式。回到早先的那個例子，在一九八〇年代，法國真的有數百萬名失業者嗎？有。每一份工作真的都像國家陣線想要全體選民相信的，被某一個「移民」奪走了嗎？當然沒有。

這個觀點並不是指，只要有適當的理由和證據，就保證能夠在議會中、在公共辯論上，以及最終在民意調查中擊敗民粹主義者。如果民粹主義者最後真的訴諸某種「真正的人民」的象徵手法，當選民看見關於某個特定政策領域的正確統計數據，那種形象的吸引力也不會自動消失。但這不代表適當的理由和證據無法造成改變。舉例來說，在各個工會開始向成員散布大量資訊，讓他們知道阿拉巴馬州「工人」的實際情況，以及身為州長的華萊士幾乎沒有採取任何改善行動後，華萊士參與一九六八年美國總統大選時，就失去了一部分重要的支持力量。[9]

更重要的是，我們也可以在象徵層次上對抗民粹主義者，而針對某個政體的基本承諾的真正意義進行辯論，就是可以落實這個行動的一種形式。不過總結下來，這也可能是象徵性地肯定之前遭到排除的部分族群。這一點應該已經變得更清楚了，像埃沃．莫拉萊斯或艾爾多安之類的人物，不只是突然冒出來的邪惡威權主義者。莫拉萊斯合理支持那些大多被排除在政治過程之外的玻利維亞原住民；而當艾爾多安堅稱，凱末爾主義者頌揚土耳其共和國的片面歐化形象，經常把「黑土耳其人」（black Turks），也就是貧窮而虔誠的安那托利亞民眾排除在外時，也是在展現一種民主的行為。對於包容性的追求，不一定要採取部分代替整體的民粹主義主張的形式；或許，如果既有菁英願意採取一些朝向實際上與象徵上的包容努力的行動，就可以防止民主遭到某些破壞。

代議民主危機：美國即景？

目前為止的分析中，有一個看起來可能違反直覺的結果是，在美國歷史上唯一一個明確自稱為「民粹主義者」的政黨，事實上並不是民粹主義者。眾所周知，在一八九〇年代，民粹主義運動的成員主要是農民，當時曾短暫威脅到民主黨與共和黨對美國政治體制的支配地位。毫無疑問，在美國歷史上，這並不是第一次被歷史學家視為民粹主義的情況。一方面，美國開國元勳對於不受約束的人民主權，顯然比較小心翼翼。他們極力避免某個想像中的集體整體（collective whole）與新的政治制度競爭，這就是《聯邦黨人文集》第六十三篇（*Federalist 63*）的那段著名文字所傳達的意思：「很顯然，先人並不是對代議原則一無所知，也不是在政治憲政中完全忽視了這一點。先人和美國政府的真正差別在於，美國政府**完全排除人民**以及他們的**集體能力**，而並非從**先人**的政府中**完全排除人民的代表**。」（粗體字為文集原作者所強調）。雖然如此，制憲者也援引「人民的才能」來論述，[10]而且美國憲法包含許多「大眾」的元素，從陪審團到民兵組織都有。[11]湯瑪斯・傑佛遜（Thomas Jefferson）從一開始就提出一種共和主義與生產主義的語言，後來在許多捍衛多數努力工作者權益的政治演說家之間，也重新蔚為流行。新教的所有層面幾乎都在延續這種觀念，也就是人民不必依賴神職人員的協助，自己就能獨立找到靈性的真理。「平民時代」（Age of the Common Man）的中心人物安德魯・傑克森提倡對抗金錢的威力，他被不同時代的人以各種方式描繪成加深了民主的力量，或一位「民粹主義者」。他被人稱為「暴民之王」（King Mob），不是沒有原因的。傑克森創立了全新的政治風格：公眾人物藉由提到「木屋」與「硬西打酒」（hard cider，按：一種蘋果酒），來證明自己和「老百姓」站在同一陣線，能夠代表他們發聲。# 一八五〇年代，本土主義者（尤其是反天主教人士）發起一無所知運動（Know Nothing movement）。這個運動一開始被稱為「本土美國人黨」（Native American Party），後來才完全改稱為「美國人黨」（American Party），而他們恰恰就是利用這個名字，來主張自己具有獨家代表性。這個黨只允許新教徒加入，而且是祕密成立的，因此當別人問到美國人黨的相關資訊，該黨支持者就會宣稱：「除了我的國家，我一無所知。」一八九二年，人民黨（People's Party）成立，該黨支持者一開始被稱為「老爸」（Pop）到最後就變成「民粹主義者」（Populist）了。就像其他許多政治標籤，這個詞一開始帶有貶意（和民粹分子〔Populite〕的負面意義幾乎不相上下），直到後來這個詞原本要貶低的對象，才大刺刺採用並歌頌這個詞。一九七〇年代，**新保守主義**（neoconservative）一詞也經歷過類似的轉變。[12]

譯注：第九任美國總統威廉・哈里森（William Henry Harrison）在競選期間，曾遭政敵攻擊為「在木屋喝硬西打酒的候選人」，暗示他是野蠻未開化的西部人，顯見這兩樣東西具有強烈的美國草根形象。

自稱民粹主義者的人，就在不再滿足於生產玉米、一心想在政治上抗爭的農民所發起的運動中出現。他們有過負債與從屬於別人的經驗，特別再加上一八九〇年代初期的經濟衰退，更刺激他們為一連串的需求組織起來，在各種不同情況下，分別和民主黨與共和黨兩方形成對立局面。尤其身為農民，他們需要廉價的信用貸款與交通運輸，才能把農產品運送到美國東部。因此，他們覺得自己越來越任憑銀行與鐵路公司擺布，最後，他們和那些通常就直接被稱為「利益集團」的東西對抗，並產生了兩種定義民粹主義政治綱領的需求：一方面是要創立國庫分庫，自由使用銀幣來對抗「金甲蟲」（Goldbug，按：指金本位人士）；另一方面則是要將鐵路國有化。[13]

民粹主義者利用政治語言制訂自己的需求，顯然就是要讓「人民」反對自私自利的菁英。政治運動家瑪麗．伊莉莎白．里斯（Mary Elizabeth Lease）說過這段名言：「華爾街擁有這個國家。這不再是一個民有、民治、民享的政府，而是一個華爾街有、華爾街治、華爾街享的政府。我國廣大的普通老百姓都是奴隸，壟斷企業則是主人。」[14]民粹主義的言論充滿一目瞭然的道德主張，他們流傳著「有豪富、有貴族，剩下的都是老鼠」的說法，有一些口號和詩歌，還會讓人回想起占領華爾街運動的主要比喻用語，例如：「一百人有九十九人住在骯髒簡陋的空屋，還有一人住在充滿奇珍異寶的豪宅」。[15]

如上所述，一九五〇至六〇年代的歷史學家、政治理論家，以及社會理論家，經常把民粹主義者描述成受到憤怒與怨恨驅使的一群人，容易聽信陰謀論，並且特別有種族歧視。眾所周知，歷史學者理查．霍夫施塔特（Richard Hofstadter）曾經說過「美國政治中的偏執風格」，[16]其實也不難找到證據——美國喬治亞州民粹主義領導人湯姆．華生（Tom Watson）曾經提問：「傑佛遜想像過，不到一百年內，就有人開始濫用**他的黨**，來迎合壟斷企業最卑鄙的目的嗎？他想像過，紅眼的猶太裔百萬富翁會成為那個黨的首腦，這個國家的自由與繁榮會變成……以傑佛遜式民主的名義，不斷墮落地向大財閥的貪婪獻祭嗎？」[17] 然而回顧過去，冷戰時期的自由主義歷史學家與政治理論家，顯然更常談論麥卡錫主義，以及極端保守運動（包括明目張膽的種族主義派系，例如約翰伯奇協會）的興起，而不是一八九〇年代實際上的民粹主義者。

這裡民粹主義者是支持普通老百姓的例子，我認為，他們並不假裝自己代表的是整體的人民。很肯定的是，即使是在人民黨著名的奧馬哈政綱（Omaha Platform）#中，有時候還是會有含糊其詞或（也許是有意的）未竟全功之處：

> 超過四分之一個世紀以來，我們已經親眼目睹，兩大黨只顧爭奪權力與戰利品，任由各種嚴重的錯誤造成人民的痛苦。我們嚴正譴責，兩黨掌握的控制性影響力放手讓目前的可怕情況繼續惡

譯注：一八九二年七月四日，人民黨在於內布拉斯加州奧馬哈的成立大會上所採納的政黨計畫，因為呼籲重建美國的自由主義，曾被視為「第二個獨立宣言」。

化，而不採取認真的作為預防或阻止。兩大黨到現在都沒有對我們承諾過任何實質的改革，在接下來的競選活動中，他們也已經一致同意對這一切視而不見，只有一項議題除外。他們提議在關稅上假裝對抗，來引起騷動，以淹沒被打劫的人民的抗議聲浪，如此一來，資本家、大公司、國家銀行、犯罪集團、信託機構、灌水股（watered stock）、廢除銀幣，以及放高利貸業者的壓迫，就會完全被忽略了。他們建議在拜金主義的祭壇上，犧牲我們的家庭、生活以及孩子，藉由摧毀一般大眾來保障百萬富豪的賄賂資金。

當我們在一年一度的國慶日齊聚一堂，心中充滿確立美國獨立地位的將軍和領導人的精神時，我們試圖把共和政府歸還到「老百姓」的手上，因為當初正是這個階級開創了共和政府。我們堅持，我們的目標與國家憲法的目標一致，都是要建立更完善的聯邦與司法制度，並確保國內安定、提供共同防衛、促進大眾福利，以及為我們自己和後代子孫謀求自由的幸福。

民粹主義者提倡民主改革，包括參議員直選以及不記名投票，而且他們要求採用累進稅率，並打造現在所謂的管制型政府（regulatory state）。不過，他們在這樣做的時侯提到的都是「老百姓」。如果執行他們對於「合作型共同福利」（cooperative commonwealth）#的理想，很可能形成在世界上其他地方所說的「社會民主主義」（Social Democracy）。[18]就像奧馬哈政綱非常清楚表明他們尊重憲法，因此在美國，而不是在歐洲，很難把反憲政主義當成辨識本書所指的民粹主義者的一種實用標準。畢竟從以前到現在，幾乎每一個人都很尊敬美國憲法。

雖然彼時的民粹主義者已經把男人與女人、白人與黑人，團結到連當時其他政黨也達不到的程度，但他們很少聲稱自己就是人民本身。如果當

譯注：commonwealth在十五世紀的英國出現，原指大眾的共同福祉，後引用為共同體的意思，所以也可以指單一的共和國（如英格蘭共和國），較近代的用法可以指一群主權國家的聯合，又譯為國協（如大英國協）、聯邦（澳大利亞聯邦）。

初沒遭到南方民主黨（Southern Democrat）特別惡毒的攻擊，民粹主義者可能會變得更成功：當時投票舞弊與賄賂都很常見，暴力行為也是。如果當初民粹主義者的要求，沒有被民主黨員和共和黨員拉攏；如果當初他們沒犯下戰略與戰術上的失誤（直到今天，仍是一個規範性的辯論問題，歷史學家依舊爭論不休）；如果在一八九六年，「偉大的平民」（the Great Commoner）威廉·詹寧斯·布萊恩（William Jennings Bryan，按：曾三度角逐美國總統均告失敗）成功兌現了「民主的民粹主義」（Demo-Pop）的政見，如果這一切有不同的發展，美國的政治史或許會有一個截然不同的轉折。[19]然而，民粹主義運動也不是完全沒有收穫。一八九〇年代中期後，有些民粹主義者加入社會黨（Socialist Party），至少在進步主義（Progressivism）的全盛時期，民粹主義者實現了一些主要訴求；就像伍德沃德（C. Vann Woodward）針對一九五〇年代自由派在冷戰時期對民粹主義誤解的攻擊中指出，即使是一九三〇年代的羅斯福新政（New

Deal），也可能被人說成是一種「新民粹主義」（neo-Populism）。[20]

然而，以上種種都不是說，根據我對民粹主義的定義，二十世紀的美國歷史中，從來沒有發生過民粹主義的實例：麥卡錫主義就是一個明顯的可能例子，而華萊士和他的信徒也是。吉米·卡特（Jimmy Carter，按：美國第三十九任總統）曾經自稱「民粹主義者」，不過他的真正意圖是要影射十九世紀後期的民粹主義者，以及其他有關「民粹主義」的聯想，包括福音派新教教義，以及對於民主的鄉村式與共和式（簡單說，就是傑佛遜式）的理解。至少在某種意義上，華萊士已經幫他把路鋪好了：期望美國南方州長擔任道德革新的發起人，從此變成可以想像的事。過了將近二十年後，比爾·柯林頓可以說仍然從這種流傳已久的聯想獲益。

直到茶黨興起，以及川普在二〇一五至一六年間獲得驚人的成功，民粹主義才像本書理解的那樣，真的變成美國政治中不可或缺的一部分。「憤怒」顯然扮演著某種角色，不過就像先前提過的，「憤怒」本身對任何事情都無法給予太多解釋。某一部分美國公民覺得，這個國家的文化正以讓人非常反感的方式在轉變，而那種「憤怒」的理由和這種感覺有某些關聯[21]：概括說來，社會—性向的自由價值（social-sexual liberal values，例如：同性婚姻），以及對美國變成一個「少數族群成為多數族群國家」（majority-minority country）的擔憂，都變得越來越有影響力，導致「真正的人民」的傳統形象，也就是白人新教徒，越來越無法掌握社會現實。除了這些文化議題，另外也有很真實的實質不滿情緒，尤其是有數量龐大的美國人，沒有人在華府代表他們的經濟利益。這種印象也確實得到有力的社會科學數據所證實。[22]

就像政治學者漢斯彼特·克萊西（Hanspeter Kriesi）的主張，近數十年來，西方國家已經出現一種新的衝突戰線，政治學家把這稱為，偏好更開放的公民與偏好某種封閉形式的公民之間的「分裂」（cleavage）。[23]這種衝突主要可能在經濟方面出現，通常也可能變成某種文化議題。當認同政治成為主流，民粹主義者就會應運而生。從競爭與對人人有益的英勇企業家精神來說，問題並不在於某個經濟體越來越不符合資本主義者的自我辯解（即使是算不上**馬克思主義**〔*Marxisant*〕的出版品《經濟學人》〔*The Economist*〕，也已經開始批評美國的壟斷力量）。相對地，這個議題說的是，墨西哥人偷走了美國人的工作（而且可能還做了其他各種事情）。現在，我們不應該假裝認為，所有的認同議題都可以無縫接軌，轉化成實質利益的問題；我們需要嚴肅看待個人的價值承諾。然而，我們也必須記住，文化變遷與經濟變化之間有一個重要差異：許多文化變遷最後並不會直接影響許多人。人民或許不喜歡國家的走向，不過除了對婚姻抱持非常傳統信念的婚禮攝影師以外，誰在日常的生活中，還會對同性婚姻的合法化覺得感動？對於一群規模小但情緒激動的反對選民，美國這個民族已經發展出一個更包容、寬容和慷慨的自我概念，這已經不是第一次了。但是對於只有高中文憑，而且他們的技能在目前的美國經濟根本不被需要的男人來說，聽到的就不是像這樣充滿希望的故事了。

美國今天在這方面需要非常深刻的結構改革，而像伯尼・桑德斯那樣的人，顯然正確地吸引大眾關注到這種需要。如果本書發展出來的標準能夠完全說服你，那麼你到現在應該能夠清楚看出，桑德斯並不是左派的民粹主義者。原因並不是像美國境外的左派分子有時候說的，根據定義，根本沒有左派的民粹主義這種東西。民粹主義和政策內容無關；雖然桑德斯用命令語氣要求「分享財富」時，在某個程度上聽起來可能很像休伊・朗#（Huey Long），但卻和民粹主義毫無關係。民粹主義與提出某種道德主張有關，而明確說明該主張所需要的內容，很可能是來自社會主義的教條（查維茲就是很明顯的例子）。

編注：美國民主黨黨籍前任路易斯安那州州長，執政期間增加對富人的稅收，並致力於改善窮人的福利，政策褒貶評價不一，反對者稱其實行獨裁破壞權力平衡。

在民粹主義和專家治國之間拉扯的歐洲

本書提出的分析帶有一種含意：我們需要把國家社會主義和義大利法西斯主義理解為民粹主義運動，儘管如此，我要趕緊補充說明，他們不只是民粹主義運動，同時還表現出未必是民粹主義本身元素的特徵，例如種族主義、美化暴力，以及激進的「領導原則」。在一九三〇至四〇年代走過極權政治的最高潮之後，西歐現在的一個特點就是：戰後的政治思想和政治制度都有深刻的反極權主義印記。政治領導人、法學家以及哲學家，都試圖設計某種以防止過去極權主義復興為最重要目標的秩序。他們靠的就是一種把過去視為混亂時代的意象，那個時代的特徵是無限的政治活力、不受約束的「大眾」，以及打造完全不受限制的政治主體的企圖，例如經過淨化的德國**民族共同體**（*Volksgemeinschaft*）或「蘇聯人民」（Soviet People，以史達林的形象創造出來，並在一九三六年的「史達林憲法」

〔Stalin Constitution〕中正式生效。）

因此，戰後歐洲政治發展的整體方向，一直是以強化民主本身為名義，朝向分化政治權力的目標（從制衡或甚至某種混合憲法的角度而言），以及賦權給未經選舉產生的機構，或超出選舉責任的機構，例如憲法法院。[24]這個發展根據的是，歐洲菁英在二十世紀中期的政治災難中，以正確或錯誤的方式學到的教訓：戰後西歐秩序的建立者看待人民主權的理想時，充滿了不信任；畢竟，要人怎麼信任曾經把法西斯主義者推上權力巔峰，或和法西斯主義占領者廣泛合作的人民？其中較不明顯的是，菁英對議會主權的想法，特別是主張要為由國會授權的整體人民說話與行動的政治行動者，也有很深的保留。因此，他們才會贊同凱爾森曾經批判的後設政治錯覺。畢竟，這些合法的代議機構，不是在一九三三年與一九四〇年，分別把所有權力都交給了希特勒（Hitler）和維奇法國（Vichy France）[#]的領導人馬歇爾．貝當（Marshal Pétain）

譯注：指第二次世界大戰期間，納粹德國控制下的法國政府，因政府所在地遷到法國中部的維奇，因此又稱維奇政府、維奇政權。

了嗎？因此，在戰後，歐洲的議會權力被有系統地削弱了，並加強了制衡的力量，另外，沒有選舉責任的機構（再一次，憲法法院是主要的例子），被賦予的任務不只要捍衛個人權利，還要保障整體的民主制度。[25]簡單說，對於不受限制的人民主權，或甚至是不受約束的**議會**主權（*parliamentary sovereignty*，有個德國憲法律師曾把這稱為「議會絕對主義」〔parliamentary absolutism〕）的不信任，可以說已經植入戰後歐洲政治的DNA中了。在二十世紀後三分之一時期，那些能夠擺脫獨裁統治並轉向自由民主的國家，幾乎都會採用這些基本原則。我在其他地方曾經把它們稱為「受限的民主」（constrained democracy）。舉例來說，一開始是發生在一九七〇年代的伊比利半島，然後是一九八九年以後的中歐和東歐。

需要強調的是，在限制民眾意志的全面企圖中，歐洲整合是不可或缺的一部分：它在國家限制中增加了超國家（supranational）的限制。[26]（不過這並不是說，這整個過程可以被任何人在幕後操縱，或可以順利地發生。）當然，這些結果會視情況而定，和誰在特定的政治鬥爭中佔據優勢有關。舉例來說，國家法院和歐洲法院（European Court of Justice）互相競爭擔任保護個人權利的角色時，尤其可以清楚看出這一點。一開始，這個邏輯在某些機構中更明顯，例如歐洲理事會（Council of Europe）和歐洲人權公約（European Convention on Human Rights）。不過，隨著一九七〇年代在南歐發生的民主轉型，想「鎖定」（lock in）自由民主承諾的渴望，在歐洲聯盟（也就是一九九三年前的歐洲經濟共同體〔European Economic Community, EEC〕）的具體例子中，亦變得更加明確。

現在，這個簡短歷史補充的結果就是，基於對人民主權的不信任而建立的政治秩序（如果你願意，也可以說是一種露骨的反極權主義秩序，以及一種含蓄的反民粹主義秩序），面對以整體人民名義發言的政治行動者，在對抗看起來是最少民眾參與的制度設計時，一定會顯得特別脆弱。從本書的討論中應該已經很清楚了解到，民粹主義並不是真的想呼籲更多的政治參與，更不要說實現直接民主。但是它可以號召提出這些呼籲的運動，因此乍看之下有某種合理性，因為戰後的歐洲秩序根據的就是讓「人民」保持一定距離的觀念。

為什麼大約從一九七〇年代中期以後，特別是最近幾年來，歐洲變得特別容易受到民粹主義行動者的影響？有些答案或許很明顯，包括福利國家緊縮開支、外來移民，以及近年來最重要的問題——歐元危機。然而，不論是經濟、社會，或政治上的危機，都不會自動產生本書所探討的那種民粹主義（或許，只有當舊的政黨體制瓦解時除外）。相反地，民主體制可以說是不斷在製造危機，但同時也有自我矯正的資源和機制。[27]就目前在歐洲的民粹主義浪潮而言，我會說這是處理歐元危機的特殊方法（簡單說，就是專家治國〔technocracy〕），要了解目前民粹主義的興起，這一點至關重要。

民粹主義和專家治國以一種新奇的方式互相襯托。專家治國堅持，只有一種正確的政策解決方案；而民粹主義則主張，只有一種真正的民意。[28]最近它們也變得有交易性（trading attribute），專家治國變得講求道德，例如「你們這些希臘人，以及其他人，都必須彌補自己的罪過！」在過去，罪過就是指浪費揮霍的意思；而民粹主義卻變得像生意人，想想貝魯斯柯尼，以及捷克共和國的巴比斯（Babiš）#，巴比斯承諾會以經營自己公司的方式來治國。對專家治國者和民粹主義者來說，民主辯論都沒有任何存在的必要。說來奇怪，在某種意義上，兩種思想都對政治不感興趣（apolitical）。因此，假設一方會為另一方創造條件，這種說法也是說得通的，因為兩方都有理由相信，實際上沒有分歧的空間。畢竟，兩方各自都堅持，只有一種正確的政策解決方案，而且只有一種真正的民意。

注意到這個相似之處後，我們就可以更清楚一點了解，在民粹主義政黨與運動，以及反對緊縮措施與自由放任經濟方案但在其他意義上一點也不像民粹主義者的政治行動者之間，介於兩者真正的差異。在芬

譯注：巴比斯是捷克億萬富豪，於二〇一二年成立政黨「是的二〇一一」（ANO 2011）。該黨於二〇一七年成為捷克眾議院第二大黨，還有人稱巴比斯是「捷克版川普」。

蘭，讓「正統芬蘭人黨」（True Finns，最近該黨又簡稱為芬蘭人黨〔The Finns〕）成為民粹主義政黨的關鍵，並不是他們批評歐盟，而是他們主張只有自己代表真正的芬蘭人。在義大利，畢普．格里羅之所以讓人擔心他是民粹主義者，並不是因為他抱怨義大利的**政治腐敗**，而是因為他主張，因為其他競爭者應當都是腐敗又不道德，所以他領導的運動企圖（而且值得）獲得議會一〇〇%的席位。根據這種邏輯，格里尼最後就是純正的義大利人民，而我先前曾經提到的，五星運動中的那種道德獨裁，也因此成了正當的行為。

在今天的歐洲，要辨識真正的民粹主義者，並把他們和那些雖然批評菁英，卻不採用**部分代替整體**的邏輯（例如西班牙的**憤怒者**〔*indignados*〕）的政治行動者區分開來，是研究民粹主義理論最重要的工作。相對於民粹主義者，某些觀察家所說的「民主運動者」（democratic activist），首先會推動某些特定政策，不過到了必要採用人民論述

（people-talk）的時候，他們的主張不會是「我們，而且只有我們才是人民」，反而是「我們也是人民」。[29]

對於企圖選擇性地利用民粹主義者的想像，來反對新自由主義霸權的左派策略，抱持懷疑態度也很重要。重點不在於，對後者的批評本質上就是民粹主義（這符合民粹主義是一種「不負責任的政策」的理解）。真正的麻煩之處在於，那個似乎深受阿根廷政治哲學家厄尼斯特·拉克勞（Ernesto Laclau）名言啟發的計畫。拉克勞說：「激進政治的主要任務就是建構人民。」這個計畫的目的是把現在的主要政治衝突，描繪成被統治的人民，以及「市場人民」（market people）之間的衝突，後者就是以投資經理人為形式的實際統治者。[30]這種對抗實際上能夠動員「人民」嗎？不太可能。能夠導致真正民粹主義政治概念的問題嗎？有可能。

因此，在歐洲許多地方，需要某個特定的「左派民粹主義」以反對緊縮政策（或甚至反抗右派民粹主義的興起），要麼很多餘，要麼很危險。

如果只是為了提供可靠的左派替代方案，或改造過的社會民主主義，就是多餘的。為什麼不談談建立新的多數派，而不是象徵性地「建構人民」呢？人民究竟是什麼？然而，如果左派民粹主義的意思，真的如同本書定義與主張的那種**民粹主義**，顯然就很危險。

替代方案是什麼？應該是一種試圖引入目前遭排除在外的人（某些社會學家有時稱他們為「多餘的人」），同時避免富豪和權貴選擇退出這個制度的方法。事實上，這只是說我們需要某種新的社會契約的另一種方式。在南歐國家中，這種新的社會契約需要獲得廣泛的支持，而且這種支持只能透過訴諸公平來建立，而不只是訴諸財政正義（fiscal rectitude）。無可否認，高尚的訴求還不夠，必須要有一套授權這種新協議的機制。實際上這種機制可能會在選舉期間，以大聯合政府的形式得到授權。或者，各個社會可以正式重新協商它們的憲政協議，就像冰島和愛爾蘭嘗試過的那樣（後者採取的是比較溫和的做法），雖然最後並不是很成功。

1 Christopher H. Achen and Larry M. Bartels, *Democracy for Realists*（Princeton, NJ: Princeton University Press, 2016）.

2 Josiah Ober, "The Original Meaning of Democracy," in *Constellations*, vol. 15（2008）, 3–9. 我不必重申有關排除婦女、奴隸與標準等一般例子。

3 Peter Mair, *Ruling the Void: The Hollowing of Western Democracy*（New York: Verso, 2013）.

4 Cristóbal Rovira Kaltwasser, "The Responses of Populism to Dahl's Democratic Dilemmas," in *Political Studies*, vol. 62（2014）, 470–87.

5 Paulina Ochoa Espejo, *The Time of Popular Sovereignty: Process and the Democratic State*（University Park: Penn State University Press, 2011）.

6 例如可參 Robert B. Talisse, "Does Value Pluralism Entail Liberalism?," in *Journal of Moral Philosophy*, vol. 7（2010）, 302–20.

7 在這裡，我把羅爾斯的公共理性理論（theory of public reason）排除在外，因為該理論有承認某種合理的多元主義的限制。John Rawls, "The Idea of Public Reason Revisited," in *The Law of Peoples*（Cambridge, MA: Harvard University Press, 1999）, 129–80.

8 引自 Michael Kazin, *The Populist Persuasion: An American History*（Ithaca: Cornell University Press, 1998）, 233.

9 Kazin, *Populist Persuasion*, 241.

10 John Keane, *The Life and Death of Democracy*（New York: Norton, 2009）, 277.

11 The book by Akhil Reed Amar, *America's Constitution: A Biography*（New York: Random House, 2006）, stresses these popular elements in particular.

12 根據提姆·歐文（Tim Houwen）指出，「民粹主義的」（populistic）一詞於一八九六年在雜誌《國家》（*The Nation*）的文章中被杜撰出來。參見Tim Houwen, "The Non-European Roots of the Concept of Populism"（working paper no. 120, Sussex European Institute, 2011）.

13 Keane, *Life and Death*, 340.

14 引自 Margaret Canovan, *Populism*（New York: Harcourt Brace Jovanovich, 1981）, 33.

15 引自 Margaret Canovan, *Populism*（New York: Harcourt Brace Jovanovich, 1981）, 51, 52.

16 Richard Hofstadter, *The Paranoid Style in American Politics*（New York: Vintage, 2008）.

17 引自 Kazin, *Populist Persuasion*, 10.

18 Charles Postel, *The Populist Vision*（New York: Oxford University Press, 2007）.

19 布魯斯・阿克曼（Bruce Ackerman）在《我們人民：基礎》（*We the People: Foundations*）（Cambridge, MA: Harvard University Press, 1993）中談到失敗的憲政時期（詳參83–84）。

20 C. Vann Woodward, "The Populist Heritage and the Intellectual," in *The American Scholar*, vol. 29（1959–60）, 55.

21 Pippa Norris, "It's Not Just Trump," *Washington Post*, March 11, 2016, https://www.washingtonpost.com/news/monkey-cage/wp/2016/03/11/its-not-just-trump-authoritarian-populism-is-rising-across-the-west-heres-why, accessed April 22, 2016.

22 Martin Gilens, Affluence and Influence: Economic Inequality and Political Power in America（Princeton, NJ: Princeton University Press, 2014）.

23 Hanspeter Kriesi, Edgar Grande, Romain Lachat, Martin Dolezal, Simon Bornschier, and Timotheos Frey, "Globalization and the Transformation of the National Political Space: Six European Countries Compared," in *European Journal of Political Research*, vol. 45（2006）, 921–56.

24 我在《爭取民主：歐洲二十世紀的政治思想》（*Contesting Democracy: Political Ideas in Twentieth-Century Europe*）（London: Yale University Press,

2011）中，對這個觀點有更長的探討篇幅。

25 或許有人會補充，尊嚴（而非自由）才是戰後憲政的主要價值。

26 或許有人會問，在什麼情況下，「受限的民主」才會和「指導式」（guided）民主或「有缺陷的」（defective）民主有所不同。答案就在於，前者對由誰掌權可能做出真正的改變，而且所有限制都是為了強化民主，因此最終能夠合理化。後者則不允許任何真正的改變。

27 Nadia Urbinati, "Zwischen allgemeiner Anerkennung und Misstrauen," in *Transit: Europäische Revue*, no. 44（2013）.

28 Chris Bickerton and Carlo Invernizzi, "Populism and Technocracy: Opposites or Complements?," in *Critical Review of International Social and Political Philosophy*（2015）, http://www.tandfonline.com/doi/abs/10.1080/13698230.2014.995504, accessed April 28, 2016.

29 例子請參 Catherine Fieschi, "A Plague on Both Your Populisms!," *Open Democracy*, April 19, 2012, http://www.opendemocracy.net/catherine-fieschi/plague-on-both-your-populisms, accessed March 13, 2014.

30 Wolfgang Streeck, *Gekaufte Zeit*（Berlin: Suhrkamp, 2013）.

CONCLUSION

民粹主義的七個重點

¶

壹·

民粹主義既不是現代民主政治正統的一部分，也不是由非理性公民導致的病態現象，而是代議政治永恆的陰影。一個政治行動者永遠可能以「真正的人民」為名義發聲，以作為與現有強大菁英抗爭的方式。在古代的雅典，當時是沒有民粹主義的；也許有一些煽動民眾的情形，但沒有民粹，因為民粹只存在於代議制度。民粹主義者並沒有反對政治代表的原則，他們只是堅持，只有他們才是合法的代表。

貳、

不是每一個批評菁英的人就是民粹主義者。民粹主義者除了反對菁英主義，也反對多元主義。他們聲稱，他們（而且只有他們）代表人民。所有其他的政治競爭者基本上都是不合法的，任何不支持他們的人就不是人民適當的一分子。在野時，民粹主義者一定會堅稱，菁英是不道德的，而人民則是一個意志不會出錯的，道德的、同質性的實體。

參、

民粹主義者通常看起來像是，宣稱根據人民的意志代表共同利益。但更仔細一點檢視可以發現，對民粹主義者來說，重要的不是形成意志的真正過程的產物，也不是任何有基本常識的人可以理解的共同利益，而是「真正的人民」的象徵代表性，並從中推斷出正確的政策。這讓民粹主義者處於一種免於遭受現實經驗駁倒的政治立場。民粹主義者永遠可以挑撥「真正的人民」或「沉默的多數」，對抗民選的代表與選舉的正式結果。

肆

雖然民粹主義者經常呼籲公民投票，但這樣做並不是在公民之間開啟一個形成意志的開放性民主過程。民粹主義者只是希望確定，結果就是他們已經決定的真正的人民的意志。民粹主義並不是更多政治參與的途徑。

伍、

民粹主義者可以執政，而且他們的做法可能與他們奉行的觀點一致，也就是只有他們代表人民。具體地說，他們會從事占領國家、大眾侍從主義與貪腐行為，並打壓任何像批判性公民社會的活動。在民粹主義者的政治想像中，這些做法有明確的道德理由，因此可以公開宣稱。民粹主義者也會制定憲法，但這些憲法將會具有政黨立場或是「獨家」憲法，會以延續某些應該是創始而正統的民眾意志的名義，以便讓民粹主義者能保住權力。在某個時間點上，很可能會導致嚴重的憲政衝突。

陸：

民粹主義者應該受到批判，因為他們是民主真正的危險（並不只是「自由主義」的危險而已）。但這不意謂我們不應該在政治辯論上與他們打交道。和民粹主義者對話絕對不同於像民粹主義者一樣講話。我們可以認真對待他們提出來的問題，但不要接受他們架構這些問題的方式。

柒、

在把政治帶向「更接近民眾」，或甚至有時候宣稱是重中人民主權的意義上，民粹主義並不是自由民主的矯正方式。但它的用處在於，能更清楚看見部分民眾真的沒有被代表（缺乏代表可能與利益或身分認同有關，或兩者皆有）。但這不能合理化民粹主義者的主張，認為只有他們的支持者才是真正的人民，因此他們是唯一的合法代表。所以，民粹主義應該迫使自由民主的捍衛者更認真思考，代議制度目前的失敗之處是什麼？它應該也要促使他們去解決更一般的道德問題。屬於這個政體的標準是什麼？為什麼多元化真的值得維護？如何化解一般人的擔憂，讓民粹主義者的選民被理解為自由平等的公民，而不是被挫折、憤怒與怨恨沖昏頭、顯示出病態的男男女女？我的希望是，針對這些問題，本書已經提出了某些至少是初步的答案。

AFTERWORD

怎麼能不去思考民粹主義？

¶

今日，歐洲（也許甚至全球）每一個選舉的深層意義，都是在回應一個問題的答案：「這是民粹主義的勝利或失敗？」在二〇一七年三月的荷蘭選舉之前，一股不可抵擋的民粹主義浪潮——或像奈傑爾·法拉奇所說的民粹主義「海嘯」，主導了公共的對話；特別是那一年年底，馬克宏（Emmanuel Macron）在法國的總統與議會選舉中大勝之後，我們經常被告知，我們已經活在「後民粹主義時刻」。但這兩個判斷都是錯的，而且都呼應了通常貼在民粹主義本身的一個標籤：簡化。

如果主張民粹主義是一股無法抵擋的浪潮，理所當然就會把英國脫歐

（Brexit）和唐納·川普視為民粹主義的勝利。可以肯定的是，法拉奇和川普都是民粹主義者，但並不是因為他們「批評菁英」這種陳腔濫調的理由。就像本書試圖要釐清，不是每一個挑出菁英的行為毛病的人，就自然成為民粹主義者。畢竟，所有的公民教科書都會教我們，要對有權力的人保持警戒，因此密切關注他們，也說得上是一種民主好公民的標誌。當然，在野時，民粹主義者會批評政府；但關鍵是，他們也會主張，他們（而且只有他們），代表民粹主義者通常說的「真正的人民」或「沉默的多數」。因此他們會指責所有與他們競爭權力的人，基本上都是不合法的。其中的風險從來都不在於只是對政策或甚至價值觀的不同意見而已，而且就這一點來說，這在民主社會中是完全正常（而且在理想情況下，這也很富有成效）的事；相反地，民粹主義者會把政治衝突立刻個人化與道德化，他們會堅稱，其他人就是「腐敗」而且「不老實」。在這方面，唐納·川普在二〇一六年總統競選期間與之後，就是一個極端的例子，但他並不是一個例外。不管用什麼方式，所有的民粹主義者在抹黑對手時，都是在做川普所做的事。

比較不明顯的是，民粹主義者影射，所有不同意他們的「人民」概念，並因此在政治上不支持民粹主義者的所有公民，這些人屬於適當人民的身分，應該受到質疑。再一次，想想川普（透過推特）打發抗議他的人是「拿錢辦事的活動分子」。所以，要掌握民粹主義的重點，不在於什麼模糊的「反建制情緒」；批評菁英也許合理，也許不合理，但它本身並不是一種危險的民粹主義形式。重要的是，民粹主義者的反多元主義。他們通常在兩個層次上排斥他人：在政黨政治層次，他們主張自己是人民的唯一合法代表，因此其他人至少在道德上就被排除在外；另外，比較不明顯的是在人民的層次，不符合民粹主義者對「真正的人民」的象徵組成分子意義的人，也會被拒之門外。

把民粹主義理解為反多元主義的一種特殊形式，應該有助於避免怠惰地重複「反建制情緒」這種印象，因為根據這種印象，在世界各地的「人民」應該都在反抗「建制勢力」。這並不是一種政治發展的中性描述，這實際上是一種民粹主義者的語言，接受民粹主義者真的是「人民」的正統代表。但事實上，法拉奇和海爾特．威爾德斯連贏得四分之一的選票都辦不到。

然而，奇怪的是，政治人物與新聞記者對於民粹主義者的看法，通常從一個極端，假設他們都是在煽動人心，他們所說的話都可以自動打折；轉向另一個極端，竟然開始承認，民粹主義者最後明白表達出了人民所「真正關切」的。給民粹主義者一個告訴我們公民真正擔心的事的壟斷權力，違反了民主代議制度如何運作的一個深層理解——民主代議制度並不是機械性地複製客觀的特定利益與認同；而是在政治人物（以及公民社會、朋友、鄰居等等）提出代表的政治意見，然後公民以種種方式做出回應的動態過程中形成利益與認同。這並不是說，民粹主義者說的每一件事都是虛構的，但如果認為，只有他們知道真正發生在社會人士心中的事，將會是個錯誤。例如，毫無疑問，川普成功讓某些美國人把自己看成是某種白種人認同運動的一分子。但公民的自我認知可能會再改變。

假設所有民粹政黨的選民本身一定就是民粹主義者，也和民粹主義領導人有一樣的反多元主義觀點，這是錯的。認為民粹主義者對我們揭示了有關社會的最後客觀真相，這也是錯的。但是很多非民粹主義者正是犯了這些錯誤。想想希拉蕊．柯林頓出名的「可悲之人」失言措詞；或是想想歐洲有些社會主義者與社會民主人士，這些日子以來，似乎基本上是在對自己說：「就像右派民粹主義者說的那樣，工人階級就是不喜歡外國人。我們實在無能為力。」

還有，即使現在可能有點退燒了，但至少真的有形成了一股民粹主義浪潮？這個印象一直被深深地誤導。畢竟，奈傑．法拉奇並不是靠他自己推動脫歐，他需要既有的保守派如鮑理斯．強森和麥可．戈夫的鼎力相助

（這兩人都曾經在特雷莎·梅伊〔Theresa May〕內閣中任職）。在面對很多專家對脫歐提出警告時，戈夫說，「這個國家厭倦了專家。」諷刺的是，戈夫自己顯然就有專家的權威：他一直被視為是保守黨中的知識分子。欲說服人們相信專家的主張被高估了，還是需要一個專家來背書。

我要冒著可能會冒犯某些人的風險清楚指出：川普並不是因為代表一個憤怒白人工人階級的草根抗議運動的候選人而成為總統；相反地，他代表的是一個非常權威的政黨，而且需要共和黨重量級人士如魯迪·朱利安尼與紐特·金瑞契的加持。金瑞契在去年夏天告訴一個CNN記者，他不相信犯罪的統計數字，但相信民眾的感受，他耍了一個和戈夫在英國做的一樣的把戲，不管人們怎麼看待金瑞契，他始終被認為是美國保守派的知識分子；就像在英國，用了一個專家來貶低專業。所以在十一月十八日發生的事，並不單獨是民粹主義的勝利，而是確認了美國的政黨政治已經變成：九〇%自認為共和黨員的選民投票給川普；即使很多共和黨員在民調中表示，對候選人川普深感懷疑，但他們顯然無法想像投給民主黨。簡而言之，直到今天，如果沒有權威的保守派菁英的合作，右派的民粹主義者也不會在西歐或北美取得權力。

荷蘭總理呂特還沒變成民粹主義者，因為他還沒有宣稱是正統荷蘭人的唯一代表。不過在荷蘭，定義文化的「正常狀態」（normality），也不是他的事。目前很清楚的是，在沒有經由公民任何適當的民主授權下，政治文化已經轉向右派。我們不是看到一個後民粹主義者時機來到，我們可能正在見證的是，即使民粹主義者在名義上是失敗的，但其實是勝利的，畢竟保守派人士雖然不是和他們正式合作，但有時候就是直接複製他們的想法。在特雷莎·梅伊二〇一七年春天的競選時，這種情勢也很明顯，她打賭透過模仿，她可以摧毀法拉吉的英國獨立黨（UK Independence Party）。

最後，除了合作或模仿，保守派還有一個選擇可以有效包容右派的民粹主義。想想歐洲人民黨（European People's Party, EPP）這個以基督教民主黨與溫和保守派為主流的超國家政黨家族，已經有效保護維克多．奧爾班免於受到外界批評。奧爾班一直是歐洲掌權的民粹主義先鋒，目前為止，沒有歐洲人民黨在現實中提供保護，他也不能建立起自己的威權政權。再一次提醒，並不是歐洲人民黨成員已經變成民粹主義者，絕非如此，而是策略上的選擇，已經讓保守派成為右派民粹主義的推動者，主要是為了要讓歐洲人民黨這個最大黨留在歐洲議會。

在這個脈絡下，也值得記住最近一次保守派決定反對合作的選舉。可以這樣說，整個不可抵擋的民粹主義浪潮印象，已經因為一個事實上的反例而受到質疑。在奧地利，大部分的人都預測極右派的民粹主義者諾伯特．霍佛在二〇一六年十一月的總統大選中會取勝，結果贏家卻是綠黨背景的政治人物亞歷山大．范德貝倫。很多基督教民主黨人士明確站出來反對霍佛，特別是得到鄉村居民信任的當地市長與其他省級重量級人物，而來自維也納的綠黨領導人顯然無法把鄉村居民集結在一起。這一點和一個新興的傳統觀點相反——鄉村走向民粹主義，都市支持大都會自由主義，這種完全的切割並不是必然的。

正如政治學家丹尼爾．薛比勒（Daniel Ziblatt）曾經指出，歐洲民主人士的統一主要是靠保守派菁英的選擇[1]。在兩次大戰之間，他們選擇與威權甚至法西斯政黨合作，因此民主在很多地方都死氣沉沉。戰後，雖然不利於核心保守派的利益，但他們選擇堅持民主遊戲的規則。當然，我們現在的生活一點也不像兩次大戰期間的情形，今天的民粹主義者也不是法西斯主義者，但其中的教訓依然重要，有關民主命運的問題，既有菁英的選擇和圈外的反叛分子一樣重要。政治學家賴瑞．巴特斯（Larry Bartels）曾經指出，任何可能確定為右翼民粹主義者情緒升高（更不要說是「海嘯」了）的假設，在經驗上也是非常可疑的；但是可以看到的是，隨著時間的演變，企圖心強的政治新人與較成熟的政治行動者，不是決定緩和就是動員與利用這股情緒[2]。其中的教訓似乎很清楚：我們必須抓住菁英，因為他們會與民粹主義者合作或模仿他們的想法，或實際上包容他們的行為，並讓他們免於受到批評的責任。

可能真的有一股民粹主義浪潮，但確定一直有的是，一大堆經常討論如何應付民粹主義的公共對話。我們從這些對話中有學到什麼不同的教訓嗎？可以這樣說——什麼事行不通，已經變得更清楚了，特別是兩種如何應付民粹主義者的極端方式：一個方式是完全把民粹主義者排除在外，而且不只是民粹主義者實際做的道德排斥那一套（大致上是說：「我們優良的民主人士，才不會和民粹主義者一起出現在電視上」或「民粹主義者在議會中發問，我就會走開」等等）。在策略上，或比較不明顯地在規範性的層次上，這種作法都是錯的。在策略上一定會失敗是因為，這樣做實際上印證了民粹主義者一直在告訴支持者的話，也就是說，腐敗的菁英從來不聽或害怕辯論某些主題（更不要說，這些菁英會全部統一起來對抗民粹主義者，以維護他們不應該得到的特權：「一個人對抗所有人，所有人對抗一個人」）。但是從民主理論的觀點，還有一個明顯的問題，尤其是這些政黨已經進入議會成為代表，把他們排除在辯論之外，就意味著排除所有投票給他們的公民。而且，之前已經提過，並不是所有投票給民粹主義政黨的選民，都可以假設他們支持不是真正接受民主遊戲規則的反多元主義者。

另外，還有一個極端方法，不是排除或至少忽略他們，而是開始追隨他們。但是不管你跑得多快，當然永遠追不上他們。不管身為理應是「主流政治人物」的你，對移民議題說什麼或做什麼，都不可能滿足他們，例如丹麥人民黨（Danish People's Party）。但是，這裡的問題不只是策略性的問題，或者如果你喜歡的話，也可以稱為工具層級的問題；另外還有規範性的議題：畢竟，模仿民粹主義者根據的是民主代議制的錯誤觀點。這是簡單地假設，民粹主義者至少揭露了很多公民真正的政治偏好，而不是意識到代議制度是一個動態的過程。再來想一下川普的例子，很多歐洲人可能有一種幸災樂禍的感覺，在二〇一六年的十一月十八日，至少正式證實了一個對美國長期以來的懷疑：這個國家有六千三百萬個種族主義者！就像很多社會學家很快地指出，雖然美國有很多種族主義者，但是種族主義不能完全解釋川普的選票，因為其中有些選擇投給川普的選民，之前曾投給歐巴馬過兩次。

除了與民粹主義者打交道之外，沒有其他替代方案。但是與民粹主義者對話，和像民粹主義那樣說話並不一樣。在和他們辯論時，不必為了可信度而接受他們對政治、經濟或社會問題的描述。同時，很重要的是，務必要認清，自由人士覺得非常有問題的一系列政策立場，在民主中也是被允許的；另外，最好用最佳論述與證據來反駁他們，而不要在爭議性的「民粹主義」指控上交火。然而，當民粹主義者顯示自己是明確的民粹主義者，也就是說，當他們試圖否認反對他們的人或某些公民的正當性，或當他們從根本上質疑民主遊戲的規則，其他政治人物在這裡畫清界線是很重要的。例如，如果某個民粹主義者斷言，安格拉．梅克爾正在執行一個用敘利亞人取代德國人的祕密計畫，參與辯論的其他政黨，把這當成嚴重逾越正常、合法的民主衝突領域的信號，是非常重要的。當然，民粹主義者不太可能為了提出陰謀論，暗示德國人都知道民主只是一個幌子，而退縮或道歉，但民主理論所激發的一個希望——也可能變成難以實現的希望——就是看著這場辯論的公民可能會厭惡民粹主義者，他們也許會得出這樣的結論，他們真的和民粹主義政黨有些相同的政策立場，但和陰謀論者絕對不在同一條船上。

至於經常被人高高在上地稱為「普通公民」的角色呢？回頭想一下這股「浪潮」第一次沒有掃蕩「建制派」的例子：奧地利。贏得選戰的候選人是一個不太可能贏的人，他是一個擁有可疑文化遺產的綠色經濟老教授，他動員很多公民的方式是清楚指出，他們不必完全同意某個綠黨的計畫；但他們必須同意一個立場：極右派民粹主義者候選人對奧地利的民主產生了真正的威脅。更重要的是，他的競選活動鼓勵公民離開熟悉的圈子與環境，和平常不會見面的人展開對話，另外，也鼓勵公民在進行這種對話的前五分鐘，不要用「種族主義」或「法西斯主義」來指控對方。這可能又是一個民主理論家心中不可能實現的希望；很多社會學研究指出，「接觸假設」（contact hypothesis）好得不像是真的，換句話說，為了促進寬容以及對多元主義的尊重，和跟我們很不一樣的人會面，是不夠的。但是任何可以戳破民粹主義者一個完全統一、同質性的人民的假象，都是有幫助的。和民主人士有時候喜歡相信的事相反，不是民粹主義者說的每一件事都一定是在煽動人心或撒謊，但是到最後，他們的自我呈現根據的都是一個大謊言：有一個單一的人民，而他們是唯一的代表。為了對抗他們，我們必須理解並駁倒這個核心主張。

這篇後記部分根據二〇一七年六月《評論匯編》（*Project Syndicate*）

中的〈民粹主義者如何輸了選戰，卻贏了情勢〉（How Populist Win When They Lose）；二〇一七年二月八日《金融時報》（*Financial Times*）中的〈民粹主義者不能靠自己勝利〉（Populists cannot win on their own）；以及刊登在《項目》（*Items*）中的社會科學研究委員會（Social Science Research Council）系列文章：〈思考民粹主義的錯誤方法〉（The Wrong Way to Think about Populism），網址是：http://items.ssrc.org/the-wrong-way-to-think-about-populism/.

Notes. | 注釋

1 Daniel Ziblatt, *Conservative Parties and the Birth of Democracy* (New York: Cambridge UP, 2017).

2 Larry Bartels, "2016 was an ordinary election, not a realignment", *Washington Post*, 10 November 2016, at: https://www.washingtonpost.com/news/monkey-cage/wp/2016/11/10/2016-was-an-ordinary-election-not-a-realignment/?utm_term=.b4d4fb831d4f [last accessed 20 August 2017].

致謝詞

我很感謝位於維也納的人類科學研究院（Institute of Human Sciences，Institut für die Wissenschaften vom Menschen, IWM）邀請我，在二〇一三年十一月去該機構演講，這本書大致就是根據那天的演講內容。克勞斯．奈森（Klaus Nellen）和他的同事是很周到的主人，在那些秋天的雨夜，我也從和他們與觀眾的討論獲益良多。二〇一四年夏天，我又造訪了一次ＩＷＭ，幫我更進一步發展了我的想法。

我也很感謝普林斯頓大學政治系的成員，以及人類價值中心（Center for Human Values）的職員，特別是中心主任查克．貝茨（Chuck Beitz），他們協助我在二〇一二年舉辦了一場關於民粹主義的工作交流會議。

我非常感謝在工作交流會議期間、演講與學術研習會之後，和我談論這個主題的人。在二十一世紀初，很多在歐洲、美國與拉丁美洲的人越來越關注這個主題，即使不是每一個人都確定，大家是不是在談同一件事。（理查・霍夫斯塔特〔Richard Hofstadter〕曾經做了一場演講，講題就清楚地訂為〈每一個人都在談民粹主義，但沒有人可以提出定義〉，今天看起來似乎非常令人難以置信。）

我對民主與民粹主義的思考，不管怎樣，受到和以下朋友與同事的談話所影響（這不是說我可以讓他們信服我的理論）：安卓・阿瑞托（Andrew Arato）、大衛・希普來（David Ciepley）、寶拉・迪爾（Paula Diehl）、若特・艾涅迪（Zsolt Enyedi）、蓋博・哈爾麥（Gábor Halmai）、迪克・霍華（Dick Howard）、卡羅・因維尼奇・阿塞提（Carlo Invernizzi Accetti）、特庫勒・伊希克塞爾（Turkuler Isiksel）、丹．凱勒門（Dan Kelemen）、尚西歐．金（Seongcheol Kim）、艾利克斯．克斯納（Alex Kirshner）、馬帝亞斯．卡姆（Mattias Kumm）、凱斯．穆德（Cas Mudde）、克里斯托巴．羅維拉．卡特瓦瑟（Cristóbal Rovira Kaltwasser）、伊凡．卡斯特夫（Ivan Krastev）、洛夫．麥克斯（Ralf Michaels）、寶琳娜．奧喬亞．埃斯佩霍（Paulina Ochoa Espejo）、金．朗．斯凱皮勒（Kim Lane Scheppele）、娜迪亞．烏賓那堤（Nadia Urbinati）。我要特別感謝克里斯托巴邀我去聖地牙哥，以及和他與他在迪亞哥波塔勒斯（Diego Portales）大學同事的討論；也要感謝我在二〇一六年完成這本書期間，和巴勒斯．萃恩森艾（Balázs Trencsényi）非常有用的對談。我也非常感謝古恩．沃森（Koen Vossen）與瑞內．庫皮若斯（René Cuperus），提供了荷蘭政治的資訊。

本書也引用了以下出版品的資料："*Populismus: Theorie und Praxis*"（*Merkur*, vol. 69, 2015）, "*Parsing Populism: Who Is and Who Is Not a Populist These*

Days?"（*Juncture*, vol. 22, 2015），" '*The People Must Be Extracted from within the People*': *Reflections on Populism*"（*Constellations*, vol. 21, 2014），*Anläufe zu einer politischen Theorie des Populismus*"（*Transit*, no. 44, 2013），"*Towards a Political Theory of Populism*"（*Notizie di Politeia*, no. 107, 2012），以及在下列刊物的文章：*Dissent, The New York Review of Books Daily, The Guardian, Le Monde, Die Zeit, Süddeutsche Zeitung*, 和*Neue Zürcher Zeitung*.

我要感謝兩位編輯，他們很有耐心，需要快的時候速度也很快：亨瑞奇・蓋斯柏格（Heinrich Geiselberger）幫我處理這本書的德文版；戴蒙・林克（Damon Linker）則是美國版熱情的支持者。

最後，我要感謝我的家人，特別是海德倫・穆勒（Heidrun Müller），在我要完成本書的時候，他用各種方式提供協助。

本書要獻給我的孩子，他們正在有意識地體驗第一次總統競選活動，對他們來說，各式各樣的民主前景正打開大門。我不可能希望和詩人惠特曼（Whitman）相提並論，但我可以藉著謙卑地複製這段獻詞，來表達對他的敬意：「獻給在民主的信念、願望，以及人民的粗鄙、惡習、反覆無常之間，進行在思想上激烈戰鬥而不斷前進與後退的男男女女。」

WHAT IS POPULISM?

解讀民粹主義

文化思潮 196

作者　揚-威爾納・穆勒（Jan-Werner Müller）
譯者　林麗雪
主編　湯宗勳
特約編輯　劉敘一
美術設計　陳恩安
責任企劃　林進韋

董事長　趙政岷
出版者　時報文化出版企業股份有限公司
108019台北市和平西路三段二四〇號七樓
發行專線｜02-2306-6842
讀者服務專線｜0800-231-705
02-2304-7103
讀者服務傳真｜02-2304-6858
郵撥｜19344724 時報文化出版公司
信箱｜10899台北華江橋郵局第九十九信箱
時報悅讀網　www.readingtimes.com.tw
電子郵箱　new@readingtimes.com.tw
法律顧問　理律法律事務所 陳長文律師、李念祖律師
印刷　盈昌印刷有限公司
ISBN　978-957-13-7460-4

一版一刷｜2018年7月27日
一版三刷｜2021年3月19日
定價｜新台幣 320元

Printed in Taiwan

時報文化出版公司成立於一九七五年，並於一九九九年股票上櫃公開發行，
於二〇〇八年脫離中時集團非屬旺中，以「尊重智慧與創意的文化事業」為信念。

解讀民粹主義｜揚-威爾納・穆勒（Jan-Werner Müller）作；林麗雪 譯｜一版／臺北市：時報文化，2018.7｜240　面；13×21公分.--（文化思潮；196）｜譯自：WHAT IS POPULISM？｜ISBN 978-957-13-7460-4（平裝）｜1.民粹主義｜570.11｜107009970

The book is based on lectures from *IWM-Vorlesungen zu den Wissenschaften vom Menschen 2014*.
Das Institut für die Wissenschaften vom Menschen (IWM) ist ein unabhängiges, internationales Institute for Advanced Studies based in Vienna.

The danger to democracies today is not some comprehensive ideology that systematically denies democratic ideals. The danger is populism—a degraded form of democracy that promises to make good on democracy's highest ideals ("Let the people rule!"). The danger comes, in other words, from within the democratic world—the political actors posing the danger speak the language of democratic values. That the end result is a form of politics that is blatantly antidemocratic should trouble us all—and demonstrate the need for nuanced political judgment to help us determine precisely where democracy ends and populist peril begins.

Populism, then, should force defenders of liberal democracy to think harder about what current failures of representation might be. It should also push them to address more general moral questions. What are the criteria for belonging to the polity? Why exactly is pluralism worth preserving? And how can one address the concerns of populist voters understood as free and equal citizens, not as pathological cases of men and women driven by frustration, anger, and resentment?